Wissen mit Sensitivitätsanalysen kritischer Werte in maßgenaue Entscheidungen umsetzen

Jörg Becker

Bibliografische Information der Deutschen Nationalbibliothek

Die deutsche Nationalbibliothek verzeichnet die Publikation in der Deutschen Nationalbibliografie; detaillierte bibliografische Daten sind im Internet über http://dnb.d-nb.de abrufbar.

Herstellung und Verlag: Books on Demand GmbH, Norderstedt
ISBN: 9-783-748-151128

www.beckinfo.de

Der Autor

Jörg Becker hat Führungspositionen in der amerikanischen IT-Wirtschaft, bei internationalen Consultingfirmen und im Marketingmanagement bekleidet und ist Inhaber eines Denkstudio für strategisches Wissensmanagement zur Analyse mittelstandorientierter Businessoptionen auf Basis von Personal- und Standortbilanzen. Die Publikationen reichen von unabhängigen Analysen bis zu umfangreichen thematischen Dossiers, die aus hochwertigen und verlässlichen Quellen zusammengestellt und fachübergreifend analysiert werden. Zwar handelt es sich bei diesen Betrachtungen (auch als Storytelling) vor allem von Intellektuellem (immateriellen) Kapital nicht unbedingt um etwas Neues. Doch um neue Wege zu gehen, reicht es manchmal aus, verschiedene Sachverhalte, die sich bewährt haben, miteinander neu zu kombinieren und fachübergreifend zu durchdenken. Zahlen ja, im Vordergrund stehen aber „weiche" Faktoren: es wird versucht, Einflussfaktoren nicht nur als absolute Zahlengrößen, sondern vor allem in ihrer Relation zueinander und somit in ihren dynamischen Wirkungsbeziehungen zu sehen. Auch scheinbar Nebensächliches wird aufmerksam beobachtet. In der unendlichen Titel- und Textfülle im Internet scheint es kaum noch ein Problem oder Thema zu geben, das nicht bereits ausführlich abgehandelt und oft beschrieben wurde. Viele neu hinzugefügte und generierte Texte sind deshalb zwangsläufig nur noch formale Abwandlungen und Variationen. Das Neue und Innovative wird trotzdem nicht untergehen. Die Kreativität beim Schreiben drückt sich dadurch aus, vorhandenes Material in vielen kleinen

Einzelteilen neu zu werten, neu zusammen zu setzen, auf individuelle Weise zu kombinieren und in einen neuen Kontext zu stellen. Ähnlich einem Bild, das zwar auf gleichen Farben beruhend trotzdem immer wieder in ganz neuer Weise und Sicht geschaffen wird. Texte werden also nicht nur immer wiederholt sequentiell gelesen, sondern entstehen in neuen Prozess- und Wertschöpfungsketten. Das Neue folgt aus dem Prozess des Entstehens, der seinerseits neues Denken anstößt.

Das Publikationskonzept für eine selbst entwickelte Tool-Box: Storytelling, d.h. Sach- und Fachthemen möglichst in erzählerischer Weise und auf (Tages-) Aktualität bezugnehmend aufbereiten. Mit akademischer Abkapselung haben viele Ökonomen es bisher versäumt, im Wettbewerb um die besseren Geschichten mitzubieten. Die in den Publikationen von Jörg Becker unter immer wieder anderen und neuen Blickwinkeln dargestellten Konzepte beruhen auf zwei Grundpfeilern: 1. personenbezogener Kompetenzanalyse und 2. raumbezogener Standortanalyse. Als verbindende Elemente dieser beiden Grundpfeiler werden a) Wissensmanagement des Intellektuellen Kapitals und b) bilanzgestützte Decision Support Tools analysiert. Fiktive Realitäten können dabei manchmal leichter zu handfesten Realitäten führen. Dies alles unter einem gemeinsamen Überbau: nämlich dem von ganzheitlich durchgängig abstimmfähig, dynamisch vernetzt, potential- und strategieorientiert entwickelten Lösungswegen.

Management Overview

Unter Big Data versteht man die „Fähigkeit, große Datenmengen aus unterschiedlichen Quellen und mit unterschiedlicher Struktur in hoher Geschwindigkeit auszuwerten." Das Neue hierbei: man muss sich nicht mehr (wie sonst in der Statistik üblich) mit Stichproben begnügen, sondern kann kann sich aus dem gesamten Bestand an verfügbaren Informationen bedienen. Über eine Personalbilanz können auch „Intangibles" einer transparent nachvollziehbaren und einheitlich durchgängigen Bewertungssystematik zugeführt werden. In einem spezifischen Cluster können alle Einflussfaktoren gebündelt werden, die untrennbar mit der Person als solcher verbunden sind. D.h. persönliche Eigenschaften die mit einer Person kommen und gehen. Diese Faktoren sind weder direkt noch indirekt übertragbar und sind in aller Regel auch nur von der Person selbst anwendbar und nutzbar.

Bei der vielfältigen Problematik einer Beurteilung von Personen spielen „weiche", oft als nicht bewertbar beurteilte Personalfaktoren eine immer wichtigere Rolle. Personalauswahl, Managerbewertung oder Kreditscoring wären nur einige aus einer ganzen Reihe möglicher Beispiele. Mit dem viele (oder bereits alle ?) Bereiche des Lebens durchdringenden Medium des Internet wird jede Person gleichzeitig auch zum Verwalter ihres eigenen Lebenslaufs und zum Gestalter eines identitätsbezogenen Möglichkeitsraumes.

Das strategische Management muss daher Konzepte und Denkschemata entwickeln mit denen strukturierte Lösungen für Digitalisierungsherausforderungen unterstützt werden. Sei es durch vermehrte Differenzierungsoptionen, sei es durch den Anreiz zum Absenken der Preise, weil man sich durch höhere Produktionsmengen eine bessere Verteilung der Fixkosten erreichen will. Faktisch geht es um ein strategisches Management im Echtzeit-Modus. Indem aus exponentiell wachsenden Datenbergen (Sensoren, Transaktionen, Social Media) relevante Entscheidungsinformationen und Planungsansätze zu gewinnen. Das Denken in disruptiven Innovationen kann dabei auch helfen, Gefahren zu erkennen, die von neuen (manchmal noch unbekannten) Wettbewerbern ausgehen könnten.

Notwendig hierfür ist, dass es dem strategischen Management gelingt, den Widerspruch zwischen Strategie (= langfristig) und Echtzeit (= kurzfristig) aufzulösen und in ein Gleichgewicht zu bringen. Wenn Personalfaktoren mit dem Anspruch auf Vollständigkeit identifiziert und mit höchstmöglichem Informationsgehalt präsent gemacht werden sollen, so geschieht dies nicht allein zum Zweck eigener Erkenntnisgewinne. Ein noch wichtigerer Sinn und Zweck liegt darin, sich möglichst gut gerüstet in die Arena der Vergleichbarkeit von marktbezogenen Sachverhalten zu begeben. Von Interesse könnten insbesondere Potentiale und Gewichtungen sein. Nicht so sehr die absoluten Werte, sondern die richtigen Relationen zueinander stünden hierbei im Vordergrund. Dabei ist der Übergang von sogenannten „harten", d.h. messbaren Personalfaktoren zu den sogenannten „weichen", d.h. angeblich nicht evaluierbaren Faktoren fließend. Von Bedeutung sind u.a. die richtige und rechtzeitige Anpassung der Personalstruktur bei einem geänderten Produktportfolio sowie der zukünftige Einfluss der Altersstruktur auf Personalbewegungen (Zu-, Abgänge).

Aufgabe der Personalbeschaffung ist, das Eignungspotential von Bewerbern festzustellen, um diejenigen auszusuchen, die die Anforderungen der zu besetzenden Stelle bestmöglich erfüllen. Ein Unternehmen hat nicht nur externe Kunden, sondern auch interne Kunden, nämlich die Unternehmensleitung, Mitarbeitervertreter/ innen, Führungskräfte und Mitarbeiter. Diese internen Kunden haben ähnliche Eigenschaften und Bedürfnisse wie die externen Kunden. Für Führungskräfte ist hierbei die Erlangung von geeigneten Steuerungsinformation im wahrsten Sinne des Wortes entscheidend: denn zur Unterstützung ihrer Entscheidungen gibt es kaum ein Instrument, das hierfür besser als eine umfassende Mitarbeiterbefragung geeignet wäre. Ziele der Mitarbeiterbefragung sind u.a.: Analyse der Stärken und Schwächen aus Sicht der befragten Mitarbeiter, Beurteilung von persönlichen Mitarbeitersituationen, Verbesserung der Kommunikation, Abbau von Kommunikationsdefiziten/ -barrieren, Schaffung einer Basis für notwendige Aktionen und Maßnahmen (verbesserte Akzeptanz), Verbesserung von Führungsverhalten und Arbeitszufriedenheit/ -motivation.

Meinungen und Normen nicht zu teilen aber schweigend akzeptieren zu müssen, erzeugt Stress: den Angepassten droht der

Burn-out. Mit der Entgrenzung der Arbeitswelt, d.h. den sich auflösenden Grenzen zwischen öffentlichem und privatem Leben, wird gleichzeitig auch die emotionale Vereinnahmung des Einzelnen immer intensiver. Alle sich duzend und (scheinbar) immer auf Augenhöhe gerät man nur allzu schnell in einen Sog der Anerkennungsdynamik. Im Hintergrund lauert auch immer die Abstiegsangst, die Angst zu versagen und ohne Umkehrchance auf einem Abstellgleis zu landen. Die Veränderungsprozesse der Digitalisierung lassen sich nicht als abgeschlossenes Projekt handhaben, sondern müssen als immerwährende Aufgabe gesehen werden.

Ein Transformationsmanager muss daher immer wachsam und sensibel für sein Umfeld sein und muss den richtigen Zeitpunkt zum Handeln bestimmen können: die Transformation vom analogen zum digitalen muss bewältigt werden. Zeiten der Transformationen sind Zeiten des (kontrollierten) Übergangs, die an Führungskräfte wie Mitarbeiter gleichermaßen besondere Anforderungen stellen und viel (zusätzliche) Aus- und Weiterbildung verlangen. Untersucht werden muss auch das Zusammenwirken von materiellen und immateriellen Ressourcen für den Geschäftserfolg. Erfolgreich ist, wer langfristig auch unter schwierigen Rahmenbedingungen so rentabel ist, dass er sich im Wettbewerb behaupten kann.

Die Erfolgsfaktorenanalyse dient dem Zweck, zentrale Einflussgrößen für den Gesamterfolg ausfindig zu machen. Es soll systematisch nach Schlüsselfaktoren gesucht werden, die die Erfolgsperspektiven von Strategien maßgeblich beeinflussen. Suche nach Schlüsselfaktoren: aussagekräftige Ergebnisse können aus Erfahrungswissen abgeleitet und zur Problemerkennung und -analyse im Rahmen der Planung eingesetzt werden. Mit Hilfe der Orientierung am Unternehmenswert soll: derjenige Geldbetrag in den Vordergrund rücken, der durch eine Investition als Cash Flow verfügbar ist oder nach Abschluss eines Geschäfts übrig bleibt, das komplexe handels- und steuerrechtliche Rechenwerk auf seine Grundlagen, nämlich die Zahlungsgrößen, zurückgeführt werden, die Mindestverzinsung des eingesetzten Kapitals vom Risiko der jeweiligen Investition abhängig gemacht werden, erkennbar gemacht werden, wo im Unternehmen einerseits Geld erwirtschaftet wird und wo andererseits Handlungs- und Verbesserungsbedarf besteht.

Zentrale Stellgrößen sind die zukünftig erwarteten Zahlungsüberschüsse (Cash Flow), die Planungsperiode, über die der Cash Flow ermittelt wird und die Kapitalkosten, die zur Diskontierung des Cash Flow auf den heutigen Zeitpunkt angesetzt werden. Der Grundgedanke ist einfach: Investitionen erfordern Geld, das auf dem Kapitalmarkt verzinst wird. Deshalb werden beim Wertmanagement die Bedingungen des globalen Kapitalmarkts zugrunde gelegt. Jede Investition muss dem Unternehmen mindestens den Ertrag bringen, den die marktübliche Verzinsung des eingesetzten Kapitals verspricht und der die Reproduktion des abgenutzten Wirtschaftsguts ermöglicht. Diese Mindestrendite wird auch als „hurdle = Hürde" bezeichnet, d.h.

es gilt, diese jährlich neu definierte „Hürde" -mit möglichst deutlichem Abstand zu überspringen.

Menschen in Organisationen sind keine passiven Gestaltungsobjekte, sondern Träger von Zielen, Bedürfnissen, Wertvorstellungen und der Möglichkeit des (re-) aktiven Handelns, was sich u.a. in der Aversion gegenüber (zusätzlicher) Steuerung und Kontrolle manifestiert. Entscheidungen: Personalentscheidungen haben einen hohen internen politischen Charakter und lösen im Gegensatz zu Sachentscheidungen längerfristige, nicht-lineare Wirkungsketten aus. *Messprobleme*: viele personalwirtschaftliche Tatbestände entziehen sich einer quantitativen oder gar monetären Erfassung und erfordern die Berücksichtigung qualitativer Daten und Indikatoren. Einflussfaktoren für Humankapital sind beispielsweise: Aus- und Weiterbildung, Erfahrungen und Kompetenzen aufbauen, Mitarbeiter motivieren. Nichtwissen/ Nichtbeachtung in diesen Fragen/ Einflussfaktoren kann sich heutzutage kein Unternehmen mehr leisten. Die besten ausgeklügelten Entscheidungstechniken nutzen wenig, wenn die, die sie anwenden, nicht über die erforderlichen Personalfaktoren und -eigenschaften verfügen.

Vor diesem Hintergrund wird versucht, eine begehbare Brücke zwischen Entscheidertechniken und -eigenschaften (Personalfaktoren) zu finden. Im Vordergrund stehen dabei vor allem kleine Wirtschaftseinheiten wie beispielsweise Existenzgründer und KMU (kleine und mittlere Firmen), die nicht einen allein aus ihrer Größe heraus aufgespannten Schutzschirm genießen dürfen. Die aber auf der anderen Seite den Vorteil haben, dass in ihrem Bereich die Zusammenhänge noch überschaubar bleiben und gleichzeitig flexibel und proaktiv agieren (statt nur passiv zu reagieren) können und deren Entscheidungswege kurz sind. Das Ganze soll eingebettet sein in ein breit gefächertes System aus Wissens-, Personal-, und Standortbilanzen. Entscheidungen müssen fundiert und unter Abwägung aller erkennbaren Chancen und Risiken möglichst zielgerichtet getroffen werden. Ebenfalls von Beginn an sollte deshalb nach geeigneten Unterstützungswerkzeugen und -techniken Ausschau gehalten werden, um Entscheidungen nicht nur aus dem Bauchgefühl heraus treffen zu müssen. Denn Gewinn ist immer auch eng mit Risiko verknüpft, d.h. ganz ohne Risiko gibt es auch keinen Gewinn.

Der Kampf gegen das Risiko wird wesentlich vom vorhandenen Entscheidungsvermögen, d.h. Entscheidungstechniken als Denkhilfen, bestimmt. Eine breit fundierte Beurteilung der Preisentwicklung muss durch die regelmäßige Analyse einer breiten Palette kurzfristiger Konjunkturindikatoren ergänzt werden. Eine solche Analyse darf nicht rein „mechanisch" erfolgen, sondern muss vor dem Hintergrund der verhaltensbedingten und strukturellen Unsicherheiten gesehen werden. Die immer mehr zunehmende Dynamik der Märkte verstärkt gleichzeitig den Druck auf eine perspektivisch ausgerichtete Planungsbasis. Es geht darum sich schneller als die Konkurrenz auf das zukünftige Umfeld einstellen zu können, d.h. in Zeiten des schnellen Wandels wird Früherkennung/ -warnung immer mehr zum Königsweg: Gefahren und Risiken werden dadurch aufgespürt, bevor sie für das Unternehmen bedrohliche Folgen zeigen, Gelegenheiten/ Potenziale können erfasst werden, bevor sie verlorengehen.

Voraussetzung für das Entstehen von Kundenzufriedenheit ist, dass die Erfahrungen nach dem Kauf die Erwartungen vor dem Kauf übertreffen. Nicht zuletzt geht es dabei auch um die Frage, wie sich ein Produkt durch Funktionen, Ausstattungsmerkmale oder Serviceleistungen so anreichern lässt, dass dafür vom Kunden auch höhere Preise als für vergleichbare Produkte akzeptiert werden. Aber immer ist nur der Kunde mit seinen Wünschen, Bedürfnissen, Anforderungen, Wertvorstellungen, Verhaltensweisen etc. der eigentliche Adressat für den Kern der Unternehmensleistung.

Die entscheidende Frage: mit welchen Planungs- und Steuerungsinstrumenten kann die Vertriebs-Performance verbessert werden? Der Planungsprozess beginnt mit der Analyse der aktuell zur Verfügung stehenden Ist-Informationen. Dies ist im Rahmen der Vertriebsplanung eine Bestandsaufnahme der aktuellen Kundenstruktur, der Produktpositionierung, der Marktdaten und der eigenen Vertriebspotentiale. Aus diesen Informationen können unter Einbeziehung der geschäftspolitischen Visionen und Ziele strategische Vertriebsziele entwickelt werden. Diese sind anschließend in die operative Vertriebsplanung umzusetzen. Mit dem Instrumentarium der Vertriebsplanung soll der Verkauf unterstützt werden, um Trends frühzeitig zu erkennen, Produkte wettbewerbsgerecht zu positionieren, hohe Rentabilität und Deckungsbeiträge zu sichern sowie Erfolgs- und Gewinnpotentiale für die Zukunft aufzubauen.

Es geht darum, das Kundenverhalten nachhaltig zu verstehen, um die Kundengewinnung, Kundenbindung und damit letztlich vor allem die Kundenrentabilität nachhaltig zu verbessern. In der heutigen Marktsituation ist es unerlässlich geworden, durch eine systematische Datensammlung zu allen Transaktionen die den Kontakt eines Kunden mit dem Unternehmen repräsentieren, das Wissen und Verstehen grundlegend zu verbessern, um darauf basierend durchdachte Strategien und Maßnahmen definieren zu können, die der Erwartungshaltung dieser Kundengruppen entsprechen und somit zur dauerhaften Bindung an das Unternehmen beitragen. Der CRM-Bedarf ist in den Märkten am höchsten, in denen die Intensität des Wettbewerbs sehr hoch ist, die Auswahlalternativen für die Kunden groß sind, die Produktdifferenzierungsoptionen beschränkt sind und damit einhergehend die Kundenbindung gering ist.

In diesem Kontext kommt besonders der Datenqualität eine große Rolle zu: eine zielkundenspezifische Politik kann nur auf Basis konsistenter und entscheidungsrelevanter Daten funktionieren. Das erfordert von der Entstehung über die Weiterverarbeitung bis hin zur Visualisierung einen datenqualitätssichernden Prozess. Die Wirtschaft steht angesichts der Unsicherheit über die Folgen eines zunehmenden Protektionismus, technologischer Umbrüche oder einer steigenden Bedeutung postmaterialistischer Werte vor großen Herausforderungen. Solche Veränderungen verlangen nach zeitnahen Anpassungsprozessen: Schnelligkeit und die Fähigkeit zur Selbsterneuerung entscheiden oft über Erfolg oder Misserfolg. Es gilt, durch vorausschauendes Management Veränderungen frühzeitig wahrzunehmen und aktiv anzugehen. Erforderlich hierfür sind eine fundierte Identifikation aller hierbei wirkungsrelevanten Einflussfaktoren sowie eine detaillierte Kenntnis über deren Auswirkungen.

Auf dem Weg zu sich immer weiter digitalisieren Fabriken haben wir es zum ersten Mal mit der Tatsache zu tun, dass sich innerhalb eines Berufslebens der Arbeitsinhalt völlig ändern kann: einfache Arbeiten werden wegfallen, dafür wird der Bedarf an anspruchsvollen Tätigkeiten steigen. Mitarbeiter müssen viel stärker ganze Systeme überschauen und sowohl wertschöpfende als auch planende und steuernde Tätigkeiten leisten können: Techniker brauchen zusätzliche kaufmännische Kenntnisse und Kaufleute umgekehrt Einsichten in technische Abläufe. Das sich die Veränderungsgeschwindigkeit voraussichtlich noch weiter erhöhen dürfte, ist es notwendig, sich rechtzeitig über zu ergreifende Maßnahmen Gewissheit zu verschaffen. Dies betrifft vor allem die Entwicklung neuer Methoden zur Modellierung von Wissen (wobei man nicht nur auf vergangene Daten und Erfahrungen zurückgreifen kann). Grundsätzlich stellt die digitale Transformation hohe Herausforderung an die Veränderungsbereitschaft und -fähigkeit.

Entscheidungsprozesse ruhen auf einem komplizierten und manchmal schwer durchschaubarem Gerüst von Personalfaktoren. Neben messbaren Personalfaktoren gibt es viele andere, sogenannte „weiche" Faktoren, die für den Erfolg einer Entscheidung ausschlaggebend sein können. Die Grenzlinien zwischen beiden Faktorenqualitäten verlaufen nicht immer eindeutig. Ein sogenannter wichtiger „Hauptfaktor" muss diese Einordnung nicht für alle denkbaren Situationen beibehalten. D.h. je nach Sachlage können „Hauptfaktoren" und scheinbar unwichtige „Nebenfaktoren" ihre Wertigkeitsposition auch tauschen. Ein Personalfaktor ist nicht schon allein deshalb wichtig, weil er gemessen werden kann. Umgekehrt ist ein Personalfaktor nicht schon deshalb weniger bedeutsam, weil über ihn keine exakten Bestimmungen vorliegen. Auch für die sogenannten „weichen" Faktoren gilt: sie sind weit häufiger auch nachvollziehbar quantifizierbar als üblicherweise angenommen. In einem zunehmend dynamischer und wettbewerbsintensiver agierenden Umfeld nimmt die relative Bedeutung der „weichen" Faktoren gegenüber den üblicherweise gemessenen harten Faktoren weiter zu.

Ist Bildung immer gleich Bildung? Ein Jahr Bildung in Lateinamerika vermittelt vielleicht ganz unterschiedlich viel Wissen, Kompetenzen und Fertigkeiten als ein Jahr Bildung in Ostasien? „Die Unterschiede sind frappierend: Ostasiatische Schüler sind ihren Altersgenossen in Lateinamerika wissensmäßig um drei Schuljahre voraus, denen in Subsahara-Afrika sogar um vier Schuljahre. Je Bildungsjahr weisen die Menschen in Lateinamerika und Afrika also schlichtweg wesentlich weniger erworbenes Wissen auf als in Ostasien". Bildungsforscher kommen zu dem

Schluss: dass sich die unterschiedliche Wirtschaftsentwicklung verschiedener Länder auf die Unterschiede in den Kompetenzen der Menschen zurückführen lässt. Jeder Standort ist anders und weist ganz spezifische Bedingungen auf, die u.a. von klimatischen, geographischen, politischen und sozio-ökonomischen Bedingungen bestimmt werden. Die natürlichen Standortvorteile (Rohstoffvorräte, Hafennähe), die im Zeitalter der Industrialisierung noch bestimmte Standorte privilegiert hatten, spielen eine immer geringere Rolle, weniger Transportkosten verschaffen vergleichbaren Standorten damit eine relative Chancengleichheit.

Unter den Standorten gibt es, heute mehr denn je, Gewinner und Verlierer: an einem Standort Bilder von überfüllten Kindergärten, Schulen, Wohnungen und Büros und leeren an einem anderen Standort. In vielen Fällen entscheidet das Humankapital über Erfolg oder Misserfolg eines Standortes, über die Werthaltigkeit von Gebäuden und Grundstücken. Aufgrund einer Disparität von Standortentwicklungen stehen schrumpfende Standorte auf der anderen Seite wachsenden Regionen gegenüber. Angesichts eines zunehmend komplexer und turbulenter agierenden Wettbewerbsumfeldes ist die Gültigkeitsdauer einst als langfristig eingestufter Strategien rapide abgeschmolzen. In Branchen mit hohen Veränderungsgeschwindigkeiten dürfte sich die „Halbwertzeit" von Strategien mittlerweile stark verkürzt haben.

Bei häufigeren sowie auch schnelleren Strategiewechseln ist es besonders wichtig, dass das Unternehmen neben der Kompetenz über ein effektives Instrumentarium verfügen kann, mit dessen Hilfe sich Strategien schnell und effektiv umsetzen lassen. Die verschiedenen Perspektiven einer Wissensbilanz stehen nicht voneinander losgelöst mehr oder weniger lose nebeneinander, sondern sollen demgegenüber eine in sich geschlossene Geschäftslogik des Unternehmens abbilden: Ebenso wie die Finanzziele zu den zentralen Erfolgsparametern des Unternehmens zählen, sind es erst die Kunden, die die Produkte des Unternehmens kaufen und damit für entsprechende Erlöse sorgen. Finanz- und Kundenziele ihrerseits hängen eng mit den Arbeitsweisen und Geschäftsabläufen im Unternehmen, d.h. den Prozesszielen zusammen. In der Logik dieses Gesamtsystems spielen schließlich auch die Potenziale des Unternehmens, d.h. seine Innovationskraft, Mitarbeiter u.a. als Potenzialziele, eine entscheidende Rolle.

Die Einteilung nach -Perspektiven muss nicht starr erfolgen, sondern kann flexibel um weitere, für das Unternehmen und dessen Strategien wichtige Perspektiven, wie beispielsweise etwa die Lieferanten-Perspektive, Kreditgeber-Perspektive, öffentliche Perspektive u.a. ergänzt und ausgebaut werden. Die Einführung einer Wissensbilanz kann zur Verkürzung und Übersichtlichkeit der Planungsprozesse beitragen: erst die Verzahnung der Wissensbilanz mit den Prozessen bezüglich Planung, Ergebniskontrolle, erfolgsbezogene Vergütung u.a. machen dieses Instrument auch zu einem strategischen Managementsystem. Denn Wissensbilanz bedeutet zugleich auch immer eine intensive Kommunikation, um einen strategischen Fokus zu erreichen. Die Wissensbilanz hätte allein schon dadurch ihre Daseinsberechtigung, wenn durch sie im Unternehmen Klarheit und Einigkeit über die zu verfolgenden Strategien erreicht würde. Erst der, der ein Unternehmen auch durch raue Fahrwasser zu steuern versteht, genießt (verdient) wirklich Respekt. In ernsten Situationen ist der am meisten gefragt, der den Ernst der Lage erkennt, sie nicht verharmlost und der seine Firma nicht in Agonie und Ohnmacht abdriften lässt.

D.h.: gefragt sind eine ausgewogene Balance: Nüchternheit statt Klagen, Transparenz statt Verschleierung, Aktion statt Abwarten, Führung statt Treibenlassen. Bei erfolgreicher Kommunikation geht es nicht in erster Linie darum, ob eine Nachricht gut oder schlecht ist. Sondern um daraus gezogene Schlussfolgerungen: ob diese richtige Einschätzung, Verlässlichkeit und Kompetenz ausstrahlen. Kommunikation in einer Krise sollte dazu immer lösungsorientiert sein und mögliche Krisenstufen (grün, gelb, rot) deutlich anzeigen: der Information folgt die Bewertung, der Bewertung folgen die Konsequenzen, den Konsequenzen die Maßnahmen, den Maßnahme die hiermit zu erreichenden Ziele (Lösungen).

Themen-Leitfaden

Nicht nur das „Was-ist" sondern auch das „Was-sein-könnte" (Potenziale, Perspektiven) verdeutlichen und thematisieren

Strategisches Management mit Blick auf Digitalisierung im Widerspruch zwischen lang- und kurzfristig - für ein integriertes Wertmanagementsystem ist Weitblick statt kurzfristiges Anpeilen einzelner Ziele gefragt

Um im Wettbewerb zu bestehen, sollte man sich möglichst gut gerüstet in die Arena der Vergleichbarkeit von marktbezogenen Sachverhalten begeben

Labyrinth der unsichtbaren Mechanismen: ohne Anpassung ist die Gefahr des Scheiterns groß - die Digitalisierung verändert die Grundpfeiler von Wirtschaft und Gesellschaft, die Transformation vom analogen zum digitalen muss bewältigt werden

Wertorientierte Steuerungsprinzipien mit Strategiecontrolling: verbinden, was zusammengehört, finanzielle Kennziffern werden mit Werthebeln und Werttreibern im operativen Geschäft verknüpft

Personalbilanz mit Auswertung von passiver Beeinflussung: je wissensintensiver die Leistungen des Unternehmens sind, um größer ist die Bedeutung dieses in Köpfen gespeicherten Wissens - somit sind Mitarbeiter immer auch Produzenten und Inhaber immaterieller Vermögenswerte

Sensitivitätsanalyse kritischer Werte . Entscheidungstechniken als Krisenschutz: Erfolg = Summe richtiger Entscheidungen -

Eintrittswahrscheinlichkeiten und Nutzwerte von Entscheidungsalternativen können mit Hilfe einer Entscheidungsmatrix dargestellt werden

Preissignale Checkliste oder wie hoch ist die kritische Absatzmenge?

Die Kaufkraft ist die wichtigste Kennziffer zur regionalen Potentialbestimmung: sie alleine sichert noch keinen Markterfolg, aber ohne Kaufkraft sind alle Marketingmaßnahmen umsonst

Aus Marktinformationen eine profitable Kundenbeziehung entwickeln oder mit welchen Planungs- und Steuerungsinstrumenten kann die Vertriebs-Performance verbessert werden?

Die neue Art der Zusammenarbeit ist interdisziplinär aufgestellt, die Informationstechnik ist selbst ein wertstiftender Teil der Wertschöpfungskette und steht für den Austausch von Erkenntnissen und Wissen

Eine Standortbilanz verdeutlicht die Bedeutung von Wissenskapital für die Wirtschaftsentwicklung: Bildung macht die Menschen in ihrer Arbeit produktiver und lässt sie neue Ideen ersinnen und anwenden, die Grundlage für Innovationen, technologischen Fortschritt und damit langfristigen Wohlstand

Mit Entscheidungsstärke Strategieperspektiven auch in Wissensbilanzen bündeln

Ingangsetzung und Förderung strategischer Kommunikationsprozesse durch Verknüpfung plus Ausgewogenheit

Strategieplanung und Wissensmanagement: wenn strategisches Denken im „Unternehmens-Gedächtnis" fest verankert ist, steigen die Erfolgschancen für eine Bewältigung auch von kritischen Situationen

Nicht nur das „Was-ist" sondern auch das „Was-sein-könnte" (Potenziale, Perspektiven) verdeutlichen und thematisieren

In der Grey Box das menschliche Expertenwissen mit der Analysepower der Maschine zusammenschalten: mit den produzierten Datenmengen geht es auf einer exponentiellen Kurve weiter aufwärts. D.h. mit der Analyse großvolumiger Informationsmengen geht es erst richtig los. Unter Big Data versteht man die „Fähigkeit, große Datenmengen aus unterschiedlichen Quellen und mit unterschiedlicher Struktur in hoher Geschwindigkeit auszuwerten." Das Neue hierbei: man muss sich nicht mehr (wie sonst in der Statistik üblich) mit Stichproben begnügen, sondern kann kann sich aus dem gesamten Bestand an verfügbaren Informationen bedienen. „Um eine Stichprobe bestimmen zu können, muss man vorher möglichst exakte Hypothesen und Fragen formulieren, und diese decken ja schon alle eventuellen Ergebnisse ab. Beim Big-Data-Ansatz hingegen schaut man im kompletten Satz vorliegender Informationen nach Mustern und stößt so im Idealfall auf Ideen, auf die man vorher nicht gekommen ist".

Trotz vieler euphorischer Erklärungen (beispielsweise zu Entwicklungssprüngen bei der Künstlichen Intelligenz) müssen aber in der Realität nicht alle Big-Data-Projekte quasi automatisch zu einem wirtschaftlichen Erfolg führen. Ungünstig kann sich beispielsweise erweisen, wenn ein solches Projekt nicht vom Fachbereich selbst (aufgrund dessen strategischer Ziele) initiiert wird, sondern nur allein von der IT-Abteilung betrieben wird.

Dann steht vielleicht schon eine komplette IT-Infrastruktur, nur für diese gibt es noch keine fachlichen Anforderungen. Oder es werden zu lange nichttragfähige Anwendungsfälle verfolgt. Voraussetzung für den Erfolg ist fast immer, dass man zunächst mit dem Problem anfängt und erst dann die hierzu notwendige Technik folgen lässt. Zunächst sollten in Arbeitskreisen (workshops) plausible Ziele und Anwendungen definiert werden. Für deren Realisierung sollte man sich auf eine gemeinsame Sprache und Vorgehensweise verständigen und auch einmal ruhig über den Tellerrand schauen (Benchmarking), was man anderswo auf diesem Gebiet so macht und vorhat. Auf Grundlage von intern bereits vorhandenen Informationen kann man kleine, schnell umsetzbare Projekte aufsetzen (Prototyping).

Während viele noch an ihrer datentechnischen Aufrüstung arbeiten, stösst das datengetriebene Machine Learning (zumindest in der Forschung) bereits an seine Grenzen. Beispielsweise bei der Prognose von Störungen: weil zu wenige Fehler in Produktionsprozessen auftreten, um damit die benötigten riesigen Datenmengen überhaupt anhäufen zu können (um mit künstlicher Intelligenz nach unerkannten Mustern suchen zu können). „Daher geht ein Trend an vorderster Forschungsfront inzwischen von der Black Box, wo die KI es alleine im Verborgenen richtet, zur sogenannten Grey Box, die das menschliche Expertenwissen mit der Analysepower der Maschine zusammenschaltet."

Identität und Internet: mit einer Personalbilanz das „Unbewertbare" bewerten – Proaktives Denken – Suchmaschinenoptimierung und Algorithmengläubigkeit – virtuelles Profil und reale Persönlichkeit – Gefahr der unbegrenzten Biegsamkeit und Augenblicksanpassung. Mit dem Instrument einer Personalbilanz kann nicht nur das „Was-ist", sondern auch das „Wassein-könnte" (Potenziale, Perspektiven) verdeutlicht werden. Bei der vielfältigen Problematik einer Beurteilung von Personen spielen „weiche", oft als nicht bewertbar beurteilte Personalfaktoren eine immer wichtigere Rolle. Personalauswahl, Managerbewertung oder Kreditscoring wären nur einige aus einer ganzen Reihe möglicher Beispiele. Über eine Personalbilanz können diese „Intangibles" einer transparent nachvollziehbaren und einheitlich durchgängigen Bewertungssystematik zugeführt werden. In einem spezifischen Cluster können alle Einflussfaktoren gebündelt werden, die untrennbar mit der Person als solcher verbunden sind. D.h. persönliche Eigenschaften die mit einer Person kommen und gehen. Diese Faktoren sind weder direkt noch indirekt übertragbar und sind in aller Regel auch nur von der Person selbst anwendbar und nutzbar. Auch die Person selbst als Träger dieser Eigenschaften kann diese vielleicht nicht einmal selbst zu jedem Zeitpunkt und unbegrenzt abrufen.

Mit dem viele (oder bereits alle ?) Bereiche des Lebens durchdringenden Medium des Internet wird jede Person gleichzeitig auch zum Verwalter ihres eigenen Lebenslaufs und zum Gestalter eines identitätsbezogenen Möglichkeitsraumes. Für die Entwicklung von Identität einer Person im Internet gibt es weder starre Handlungsmuster noch vorgegebene Strukturen. Ohne Rollenfestlegung lassen sich die Möglichkeiten des Mediums durch weitgehende Flexibilität der agierenden Personen am besten nutzen. *Proaktiv denken und handeln:* es gibt also eine Reihe gewichtiger Gründe für eine ausführliche Beschäftigung mit möglichst allen personenbezogenen Einfluss- und Identitätsfaktoren, deren detaillierter Beschreibung und Gewichtung. Einer dieser Gründe ist darin zu sehen, dass sich heutzutage niemand mehr sicher sein kann, seine einmal erreichte Stellung auch für alle Zukunft weiter zu behalten. Besonders im Arbeitsleben stehende Personen sehen sich heute mit Entwicklungen konfrontiert, deren Auswirkungen sie vor nicht allzu ferner Zeit so noch kaum kannten. Hierauf nur zu reagieren und sich dabei das Heft des Handelns allmählich aus der Hand nehmen zu lassen, dürfte für die Zukunft kein Erfolgsmodell sein. Es gilt, vielmehr selbst proaktiv zu denken. *Nachhaltigkeit geht vor*: mit einem im Internet angelegten Profil möchte einer Person ihre Identität meistens so ausrichten, dass sie aus dem großen Einerlei herausragt. Es kann jedoch Gefahren bergen, die eigene Identität im Internet laufend an wechselnden Anforderungen des Augenblicks anzupassen. Wenn alle nur noch Suchmaschinenoptimierung betreiben und ihre Profile regelmäßig verändern und anreichern, um sich besser subtilen Algorithmen anzupassen, könnte es leicht sein, dass sich die Identität auf diesem Wege auch destabilisiert. Ein unbegrenzt biegsames und anpassungsfähiges Profil verliert seine Identität, wird allzu leicht manipulierbar und könnte in einem Mischmasch multipler Web-Identitäten unbestimmter Herkunft leicht verlorengehen.

241	Stärken-Schwächen-Relation	wird beeinflusst (passiv, Rückkoppelung) von	Reifegrad Gründer-Konzept	mit Stärke:	1	mit Zeitdauer:	1
242	Stärken-Schwächen-Relation	wird beeinflusst (passiv, Rückkoppelung) von	Kapitalbedarf	mit Stärke:	3	mit Zeitdauer:	2
243	Stärken-Schwächen-Relation	wird beeinflusst (passiv, Rückkoppelung) von	Standortanalyse	mit Stärke:	-3	mit Zeitdauer:	1
244	Stärken-Schwächen-Relation	wird beeinflusst (passiv, Rückkoppelung) von	Marktattraktivität	mit Stärke:	-1	mit Zeitdauer:	1
245	Stärken-Schwächen-Relation	wird beeinflusst (passiv, Rückkoppelung) von	Chance-Risiko-Relation	mit Stärke:	1	mit Zeitdauer:	3
246	Stärken-Schwächen-Relation	wird beeinflusst (passiv, Rückkoppelung) von	Wille zum Erfolg	mit Stärke:	1	mit Zeitdauer:	0
247	Stärken-Schwächen-Relation	wird beeinflusst (passiv, Rückkoppelung) von	Geschätztes Umsatzvolumen	mit Stärke:	0	mit Zeitdauer:	3
248	Stärken-Schwächen-Relation	wird beeinflusst (passiv, Rückkoppelung) von	Verhandlungsgeschick	mit Stärke:	3	mit Zeitdauer:	2
249	Stärken-Schwächen-Relation	wird beeinflusst (passiv, Rückkoppelung) von	Knowhow	mit Stärke:	3	mit Zeitdauer:	1
			Beeinflussung vom Gesamtsystem		**16**	**im Durchschnitt:**	**1,6**

Stärken-Schwächen-Relation

wird von anderen Faktoren

beeinflusst (passiv)

Rückkoppelungseffekt:

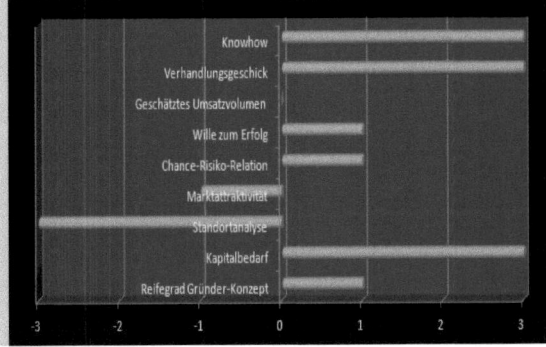

26

Strategisches Management mit Blick auf Digitalisierung im Widerspruch zwischen lang- und kurzfristig - für ein integriertes Wertmanagementsystem ist Weitblick statt kurzfristiges Anpeilen einzelner Ziele gefragt

Digitalisierungsprojekte in den Unternehmen sind so unterschiedlich wie die Unternehmen selbst: betroffen sind alle Unternehmensfunktionen. Vor allem betrifft dies auch das strategische Management in seinem Bezugsrahmen für die Komplexitätsbewältigung und für die Analyse von Geschäftsprozessen. Beispielsweise wenn die traditionelle ABC-Analyse gerade von der digitalen Distribution auf den Kopf gestellt wird: wenn jetzt hohe Umsätze auch mit Nischenprodukten möglich werden, d.h. mit Hilfe der Digitalisierung eine viel größere Differenzierung des Produktangebots erreichbar und viel kleinere Zielgruppen ansprechbar gemacht werden.

Auf der anderen Seite gewinnen durch die Digitalisierung Skaleneffekte eine noch größere Bedeutung, Diffusionszeiten werden dramatisch verkürzt. Digitale Produkte ermöglichen auch für sehr junge Unternehmen eine schnelle Globalisierung, Branchenstrukturen verändern sich. Während durch die digitale Distribution zunächst der stationäre Handel verdrängt wurde entstehen durch virtuelle Plattformen neue, große Quasi-Monopole. Das strategische Management muss daher Konzepte und Denkschemata entwickeln mit denen strukturierte Lösungen für Digitalisierungsherausforderungen unterstützt werden. Sei es durch vermehrte Differenzierungsoptionen, sei es durch den Anreiz zum Absenken der Preise, weil man sich durch höhere Produktionsmengen eine bessere Verteilung der Fixkosten erreichen will.

Faktisch geht es um ein strategisches Management im Echtzeit-Modus. Indem aus exponentiell wachsenden Datenbergen (Sensoren, Transaktionen, Social Media) relevante Entscheidungsinformationen und Planungsansätze zu gewinnen. Das Denken in disruptiven Innovationen kann dabei auch helfen, Gefahren zu erkennen, die von neuen (manchmal noch unbekannten) Wettbewerbern ausgehen könnten. Notwendig hierfür ist, dass es dem strategischen Management gelingt, den Widerspruch zwischen Strategie (= langfristig) und Echtzeit (= kurzfristig) aufzulösen und in ein Gleichgewicht zu bringen.

Wertorientierung mit Sensitivität: Meinungen und Normen nicht zu teilen aber schweigend akzeptieren zu müssen, erzeugt Stress: den Angepassten droht der Burn-out. Mit der Entgrenzung der Arbeitswelt, d.h. den sich auflösenden Grenzen zwischen öffentlichem und privatem Leben, wird gleichzeitig auch die emotionale Vereinnahmung des Einzelnen immer intensiver. Berufseinsteiger tauchen in die für sie noch neue Welt der Arbeit ein: in jenes sonderbare Gefüge mit geschriebenen und ungeschriebenen Gesetzen, mit offiziellen und inoffiziellen Hierarchien, mit Chefs- und Unter-Chefs und so fort. Der Berufseinsteiger in seiner Anfangszeit ist ein Unwissender unter Wissenden, der kennt (noch) nicht die geheimen Verästelungen der Macht, wer mit wem und warum, was gar nicht geht. Jede Investition muss mindestens den Ertrag bringen, den die marktübliche Verzinsung des eingesetzten Kapitals verspricht Diese Mindestrendite wird auch als „hurdle = Hürde" bezeichnet, d.h. es gilt, diese jährlich neu definierte „Hürde" -mit möglichst deutlichem Abstand zu überspringen. Eine detaillierte, weit in die Zukunft gerichtete Cashflow-Rechnung soll den „Wert" der Investition sicherstellen.

Es geht um Identität und Internet, Personalbilanz mit Potenzial, Labyrinth der unsichtbaren Mechanismen, Transformationsmanager – Veränderungsprozesse und Changemanagement als immerwährende Aufgaben, wertorientierte Steuerungsprinzipien, Zahlungsüberschüsse und Kapitalkosten, Personalbilanz mit Auswertung von passiver Beeinflussung, Sensitivitätsanalyse kritischer Werte, Berechnung der Barwerte, wie hoch ist die kritische Absatzmenge?, Kalkulation des kritischen Preises, Kapitalwert im Preiswettbewerb, aus Marktinformationen eine profitable Kundenbeziehung entwickeln, Wissen-, Personal-, Standortbilanz im Hintergrund, Wissen maßgenau in Entscheidungsprozesse umsetzen, Entscheidungsprozesse folgen Personalfaktoren, Wirkungsstärken von Personalfaktoren, Standortbilanz zur Abrundung, Startup und Entscheidungsstärke, in der Wissensbilanz auch Strategieperspektiven bündeln, Verknüpfung plus Ausgewogenheit, Hintergründe für Konzepte mit Wissensbilanzen, Wirkungsdauer und passive Rückkoppelung, Strategieplanung und Wissensmanagement, im „Unternehmens-Gedächtnis" fest verankert.

Erfolgschance steigt, denn nicht alles was wichtig ist, muss auch immer zu messen sein: die Errechnung einer Auftragswahrscheinlichkeit erfolgt beispielsweise durch Bildung einer Relation wie Auftragswahrscheinlichkeit = Anfrage- Punktwert: max. mögl. Punktzahl. Diese rein rechnerisch ermittelte Auftragswahrscheinlichkeit gilt nur unter der zusätzlichen Annahme, dass der Auftrag mit hundertprozentiger Sicherheit zur Ausführung kommt. Sollte diese Voraussetzung nicht gegeben sein, muss in o.a. Berechnung zusätzlich die Auftrag - Realisierungswahrscheinlichkeit einbezogen werden, d.h.: ist für die Anfrage lediglich eine Ausführungswahrscheinlichkeit von 50 % anzunehmen, so gilt für die Auftragswahrscheinlichkeit = Anfrage-Punktwert : max. mögl. Punktzahl x Realisierungswahrscheinlichkeit. Mit einer detaillierten Rabatt-Analyse kann errechnet werden, wie viel Mehrumsatz notwendig ist, damit nach einer Rabattgewährung wieder der gleiche Gewinn erzielt wird: damit lässt sich verhindern, dass Rabatte und Sonderrabatte eingeräumt werden, die den Deckungsbeitrag schon auf der Produktebene auf Null bringen. Wenn dies bei allen Produkten passieren würde, könnten trotz nicht-negativer Produkt- Deckungsbeiträge die Fixkosten der Gesamt-Unternehmensebene nicht mehr gedeckt werden. Die Analyse von Angebotsanfragen kann anhand von Kriterien bewertet werden wie beispielsweise: grundsätzliche Möglichkeit zur Erbringung der angefragten Leistung, Möglichkeit zur Leistungserbringung innerhalb des vertretbaren Kostenrahmens, Möglichkeit zur Gewährung der interessentenseitig verlangten Garantieleistung, Möglichkeit zur Einhaltung der geforderten Lieferzeit, Bonität des Anfragenden.

Die Prüfung der Auftragswahrscheinlichkeit kann anhand folgender Daten erfolgen: Bewertung der Ernsthaftigkeit der Anfrage, bestehen konkrete Projektabsichten oder liegt lediglich ein allgemeines Informationsinteresse vor, ist in dem Herkunftsland des Anfragenden mit langfristigen Genehmigungsverfahren zu rechnen, müssen Einfuhrbeschränkungen beachtet werden, sind ggf. geäußerte Preisvorstellungen realistisch, in welchem Planungsstadium befindet sich das Projekt.

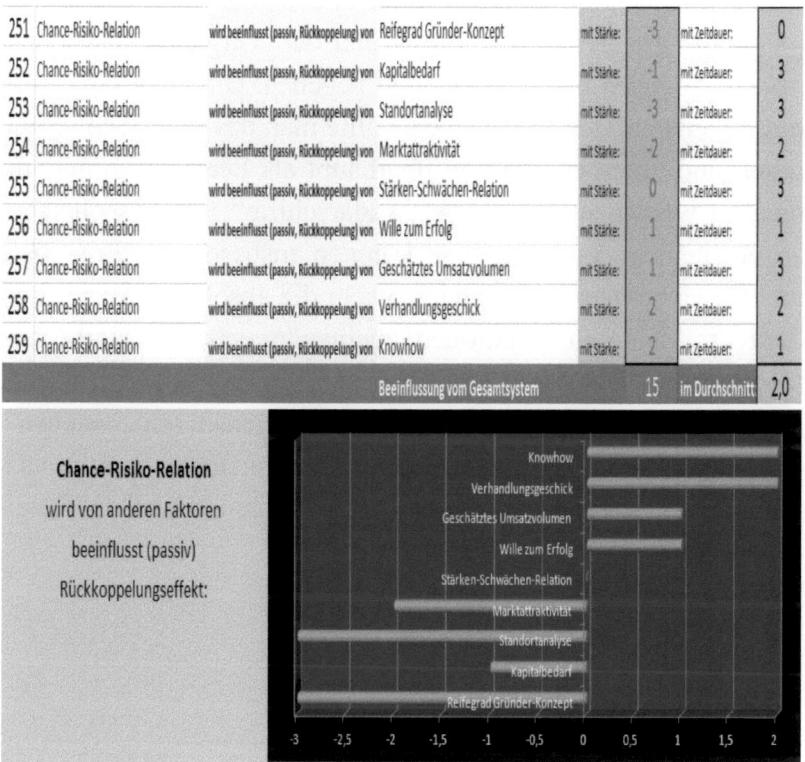

251	Chance-Risiko-Relation	wird beeinflusst (passiv, Rückkoppelung) von	Reifegrad Gründer-Konzept	mit Stärke:	-3	mit Zeitdauer:	0
252	Chance-Risiko-Relation	wird beeinflusst (passiv, Rückkoppelung) von	Kapitalbedarf	mit Stärke:	-1	mit Zeitdauer:	3
253	Chance-Risiko-Relation	wird beeinflusst (passiv, Rückkoppelung) von	Standortanalyse	mit Stärke:	-3	mit Zeitdauer:	3
254	Chance-Risiko-Relation	wird beeinflusst (passiv, Rückkoppelung) von	Marktattraktivität	mit Stärke:	-2	mit Zeitdauer:	2
255	Chance-Risiko-Relation	wird beeinflusst (passiv, Rückkoppelung) von	Stärken-Schwächen-Relation	mit Stärke:	0	mit Zeitdauer:	3
256	Chance-Risiko-Relation	wird beeinflusst (passiv, Rückkoppelung) von	Wille zum Erfolg	mit Stärke:	1	mit Zeitdauer:	1
257	Chance-Risiko-Relation	wird beeinflusst (passiv, Rückkoppelung) von	Geschätztes Umsatzvolumen	mit Stärke:	1	mit Zeitdauer:	3
258	Chance-Risiko-Relation	wird beeinflusst (passiv, Rückkoppelung) von	Verhandlungsgeschick	mit Stärke:	2	mit Zeitdauer:	2
259	Chance-Risiko-Relation	wird beeinflusst (passiv, Rückkoppelung) von	Knowhow	mit Stärke:	2	mit Zeitdauer:	1
		Beeinflussung vom Gesamtsystem			15	im Durchschnitt	2,0

Chance-Risiko-Relation

wird von anderen Faktoren

beeinflusst (passiv)

Rückkoppelungseffekt:

Um im Wettbewerb zu bestehen, sollte man sich möglichst gut gerüstet in die Arena der Vergleichbarkeit von marktbezogenen Sachverhalten begeben

Personalbilanz mit Potential: wenn Personalfaktoren mit dem Anspruch auf Vollständigkeit identifiziert und mit höchstmöglichem Informationsgehalt präsent gemacht werden sollen, so geschieht dies nicht allein zum Zweck eigener Erkenntnisgewinne. Ein noch wichtigerer Sinn und Zweck liegt darin, sich möglichst gut gerüstet in die Arena der Vergleichbarkeit von marktbezogenen Sachverhalten zu begeben. Um im Wettbewerb des Arbeitsmarktes zu bestehen, sollte man das Mögliche vorbereiten und unternehmen, um überhaupt als Person wahrgenommen zu werden und auf dem „Radarschirm" von Entscheidern zu erscheinen. Von Interesse könnten insbesondere Potentiale und Gewichtungen sein. Nicht so sehr die absoluten Werte, sondern die richtigen Relationen zueinander stünden hierbei im Vordergrund. Dabei ist der Übergang von sogenannten „harten", d.h. messbaren Personalfaktoren zu den sogenannten „weichen", d.h. angeblich nicht evaluierbaren Faktoren fließend. Wie auch immer ausgestaltete Personalbilanzen könnten hierbei Hilfestellung leisten.

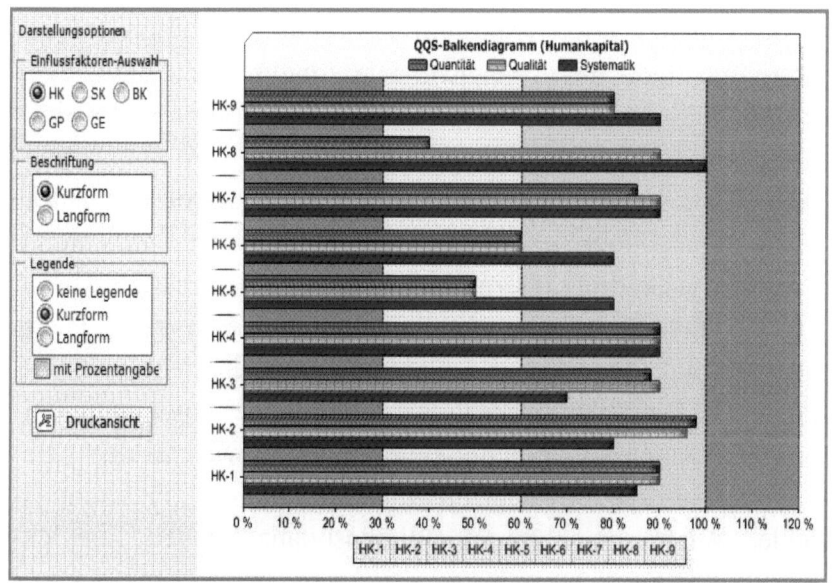

Controller-Blick auf die Personalperspektive – Personalbedarf – Recruiting - Personalentwicklung: von Bedeutung ist u.a. die richtige und rechtzeitige Anpassung der Personalstruktur bei einem geänderten Produktportfolio sowie der zukünftige Einfluss der Altersstruktur auf Personalbewegungen (Zu-, Abgänge). Aufgabe der Personalbeschaffung ist, das Eignungspotential von Bewerbern festzustellen, um diejenigen auszusuchen, die die Anforderungen der zu besetzenden Stelle bestmöglich erfüllen. Hierbei muss darauf geachtet werden, dass die Kompatibilität der Personalplanung mit anderen Teilplanungen (Absatz-, Fertigungs-, Beschaffungs-, Investitions-, Finanzplanung) sowie der Unternehmensgesamtplanung sichergestellt wird. Die einzelnen Teilfunktionen des Personalcontrolling können (ausgerichtet auf ihre jeweils spezielle Zielsetzung) für ihre Aufgabe bestimmte Indikatoren ableiten. Die Analyse der Entwicklung dieser Indikatoren im Zeitablauf ermöglicht im Sinne eines Frühwarnsystems das rechtzeitige Erkennen von Sollzustand-Abweichungen. Es geht um: mit anderen Controllingperspektiven kompatibel sein, Personalbedarfsrechnung, Indikatoren Personalbeschaffung, Bezugsbasis Löhne und Gehälter, Kosten der Personalbeschaffung, Zugänge, Abgänge und Verbleibensquote, Fluktuationsanalyse – Fluktuationskosten, Fehl- und Ausfallzeiten, Qualifikationsbedarfsanalyse, Bewertung Qualifikationsmaßnahmen, Mitarbeiter-Befragung, Gewichtsstufen- Bewertung, die Zukunft liegt im Rohstoff „Wissen", Gestaltungsfelder Wissensmanagement, Wissensbilanz bündelt Entwicklungspotentiale.

Interner Kunde Mitarbeiter – befragen, was er denkt und meint: ein Unternehmen hat nicht nur externe Kunden, sondern auch interne Kunden, nämlich die Unternehmensleitung, Mitarbeitervertreter/ innen, Führungskräfte und Mitarbeiter. Diese internen Kunden haben ähnliche Eigenschaften und Bedürfnisse wie die externen Kunden. Für Führungskräfte ist hierbei die Erlangung von geeigneten Steuerungsinformation im wahrsten Sinne des Wortes entscheidend: denn zur Unterstützung ihrer Entscheidungen gibt es kaum ein Instrument, das hierfür besser als eine umfassende Mitarbeiterbefragung geeignet wäre. Ziele der Mitarbeiterbefragung sind u.a.: Analyse der Stärken und Schwächen aus Sicht der befragten Mitarbeiter, Beurteilung von persönlichen Mitarbeitersituationen, Verbesserung der Kommunikation,

Abbau von Kommunikationsdefiziten/ -barrieren, Schaffung einer Basis für notwendige Aktionen und Maßnahmen (verbesserte Akzeptanz), Verbesserung von Führungsverhalten und Arbeitszufriedenheit/ -motivation. Es müssen Sensoren dafür entwickelt werden, mit denen die Wetterlage in der Firma erfasst werden kann, um kontinuierlich für Verbesserungen sorgen zu können. Deshalb sollten Mitarbeiterbefragungen regelmäßig - etwa alle zwei Jahre- als Führungsinstrument eingesetzt werden. Es geht um: Produktionsfaktor, der aus sich selbst heraus wachsen kann, interne Kunden, Ziele, Formen und Inhalte einer Mitarbeiterbefragung, Sensoren für die Stimmungs-Wetterlage, Grundlagen: freiwillig und anonym, Marktforschungsinstrument intern, Checkliste Beispielfragen, Informationsverarbeitung, Ergänzungsfragen, statistische Auswertungen, weiterführende Überlegungen, Punktewertung, Gewichtung, Gesamtbewertungsziffer, Value Development.

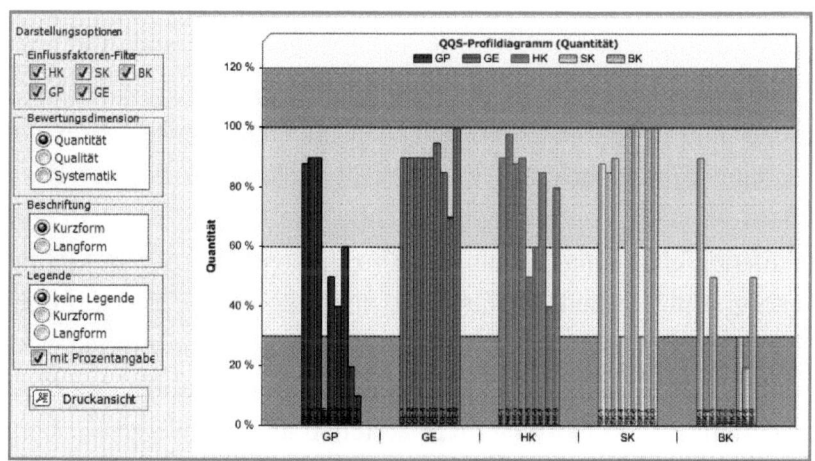

Labyrinth der unsichtbaren Mechanismen: ohne Anpassung ist die Gefahr des Scheiterns groß - die Digitalisierung verändert die Grundpfeiler von Wirtschaft und Gesellschaft, die Transformation vom analogen zum digitalen muss bewältigt werden

Anpassung unter Druck – Sog der Anerkennungsdynamik – Meinungs- und Leistungskonformität – Entgrenzung der Arbeitswelt – emotionale Vereinnahmung – Immunitätsschutz unterer Hierarchieebenen. Berufseinsteiger tauchen in die für sie noch neue Welt der Arbeit ein: in jenes sonderbare Gefüge mit geschriebenen und ungeschriebenen Gesetzen, mit offiziellen und inoffiziellen Hierarchien, mit Chefs- und Unter-Chefs und so fort. Der Berufseinsteiger in seiner Anfangszeit ist ein Unwissender unter Wissenden, der kennt (noch) nicht die geheimen Verästelungen der Macht, wer mit wem und warum, was gar nicht geht. Ohne Anpassung in diesem Labyrinth ist die Gefahr des Scheiterns groß.

Und schon beginnen sie ihr Werk: die Mechanismen der Anpassung. Die Arbeit verändert den Menschen und mancher Bekannte oder Freund beklagt: Er ist nicht mehr der Alte, der Beruf färbt ab. Die Vermutung liegt nahe: ein Chamäleon wird den Aufstieg eher schaffen als ein Einzelgänger. Gerade in Organisation mit flachen Hierarchien und dem Schwergewicht auf Teamarbeit wird der Druck auf Meinungskonformität noch durch den Druck auf Leistungskonformität enorm verstärkt. Meinungen und Normen nicht zu teilen aber schweigend akzeptieren zu müssen, erzeugt Stress: den Angepassten droht der

Burn-out. Mit der Entgrenzung der Arbeitswelt, d.h. den sich auflösenden Grenzen zwischen öffentlichem und privatem Leben, wird gleichzeitig auch die emotionale Vereinnahmung des Einzelnen immer intensiver. Alle sich duzend und (scheinbar) immer auf Augenhöhe gerät man nur allzu schnell in einen Sog der Anerkennungsdynamik.

Im Hintergrund lauert auch immer die Abstiegsangst, die Angst zu versagen und ohne Umkehrchance auf einem Abstellgleis zu landen. Da es ohnehin meist bequemer und finanziell günstiger ist, seine Einstellungen dem Handeln anzupassen, kommt es gewissermaßen zwangsläufig zu einer Veränderung der Persönlichkeit. Im positiven Fall ist dieses eine Weiterentwicklung, im negativen Fall eine Deformation. Die Frage stellt sich, ob man in einem solchen schwierigen Umfeld seinen alten Haltungen, Meinungen und Einstellungen überhaupt treu bleiben kann? Man kann, muss aber hierfür meist einen (hohen) Preis zahlen. Man muss selbstbewusst genug sein, um auch einmal ein Abstellgleis ertragen zu können. Weiter unten in der Hierarchie ist man dazu gegen allzu große Identifikation mit der Arbeit am ehesten immunisiert. Es soll allerdings auch Firmen und Chefs geben, die ganz bewusst gerade Personen schätzen, die auch als advocatus diaboli einmal kritisch Gegenpositionen einnehmen und deshalb noch nicht als schrullige Außenseiter belächelt oder abgetan werden.

Veränderungsprozesse und Change Management als immerwährende Aufgabe: Radikalschnitt oder Schritt für Schritt –

Durststrecke und ausreichendes Finanzpolster. Technologischer Wandel (Digitalisierung, Internet der Dinge, Industrie 4.0, Vernetzung der Produktion, Online-Handel, Big Data u.a.) stellt sich die hierauf anpassenden Transformationen vor große Herausforderungen. Sowohl Industrie und Handel als auch Dienstleistungsbranchen werden hiervon erfasst. Es geht nicht nur um Weiterentwicklungen von Produkten, sondern um eine teilweise völlig neue Gestaltung ganzer Angebotspaletten und Organisationssysteme: die Digitalisierung verändert die Grundpfeiler von Wirtschaft und Gesellschaft.

Die Veränderungsprozesse der Digitalisierung lassen sich nicht als abgeschlossenes Projekt handhaben, sondern müssen als immerwährende Aufgabe gesehen werden. Gründe für Veränderungen im Unternehmensbereich gibt es viele, beispielsweise: sinkendes Wachstum in bekannten Märkten, verändertes Marktumfeld, regulatorische Veränderungen, technische Herausforderungen. Ein Transformationsmanager muss daher immer wachsam und sensibel für sein Umfeld sein und muss den richtigen Zeitpunkt zum Handeln bestimmen können: die Transformation vom analogen zum digitalen muss bewältigt werden. Zeiten der Transformationen sind Zeiten des (kontrollierten) Übergangs, die an Führungskräfte wie Mitarbeiter gleichermaßen besondere Anforderungen stellen und viel (zusätzliche) Aus- und Weiterbildung verlangen. Von Nachteil wäre ein exzessiver Wandel, in dem sich Prozesse unkontrolliert überlagern: ein Transformationsmanager sollte (muss) genau wissen (erkennen), wie viel Wandel zumutbar und beherrschbar ist. Voraussetzungen für erfolgreichen Wandel sind u.a.: in jedem Fall die besten Leute halten, über ein ausreichendes Finanzpolster (falls nicht vorhanden, könnte dies allein schon für Schwierigkeiten sorgen) verfügen können.

Kernfragen: soll man sich durch Abschneiden von Randbereichen auf Kerngeschäfte konzentrieren? oder soll man sich durch Diversifikation in neue Produkte und Märkte möglichst breit aufstellen? Soll man Transformation in einem radikalen Schnitt vollziehen? Oder soll man besser Schritt für Schritt vorgehen? Soll man Innovation eher im Haus, mit Kooperationspartnern oder ganz extern vorantreiben? Es gibt wohl keinen Königsweg für die beste und sicherste Transformation: immer aber zählen Kompetenzen und Erfahrungen zu den Schlüsselfaktoren. Transformationen sind häufig auch mit Durststrecken verbunden: es kommt darauf an, diese personell, motivatorisch und finanziell durchzustehen.

		Anteil Wirkungsstärke von Gesamt	Zeitdauer: Abw. von Durchschnitt
411	Reifegrad Gründer-Konzept	8%	-20%
412	Kapitalbedarf	11%	1%
413	Standortanalyse	12%	-9%
414	Marktattraktivität	7%	-9%
415	Stärken-Schwächen-Relation	11%	-25%
416	Chance-Risiko-Relation	10%	-4%
417	Wille zum Erfolg	10%	-15%
418	Geschätztes Umsatzvolumen	11%	-20%
419	Verhandlungsgeschick	9%	1%
420	Knowhow	10%	1%

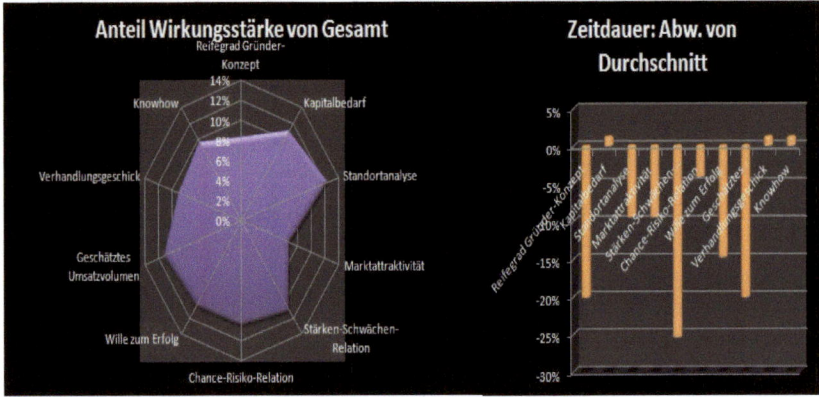

Präsentation persönlicher Existenzgründerqualitäten: handelt es sich bei einer Existenzgründung um einen Schritt in die Selbständigkeit, so steht und fällt ohnehin alles mit der Person des Existenzgründers. Nicht umsonst hat der alte Kalauer einen wahren Inhalt, nach dem ein Selbstständiger einer ist, der ständig alles selbst machen muss. Nicht viel anders ist die Situation auch bei Gründung kleinerer Mehr-Personenunternehmen: neben einer trag- und zukunftsfähigen Geschäftsidee hängt alles von einer oder einigen wenigen Personen ab. Neben den immateriellen Werten des Unternehmens rücken damit gleichermaßen persönliche Eigenschaften und Fähigkeiten, d.h. spezifische Personalfaktoren in das Blickfeld einer Existenzgründung: Existenzgründungen aus Sicht des Standortes: Art, Umfang und Erfolge von Existenzgründungen können dazu beitragen, nicht nur das Gesicht sondern auch Chancen und Entwicklungen des gesamten sie tragenden Standortes zu prägen. Kurz zusammengefasst: es geht um einen der relevanten Standort-Erfolgsfaktoren. Existenzgründungen aus Sicht von Kreditgebern: Im Normalfall werden im Vorfeld und in der Anfangsphase Fremdkapital, Kredite und Fördermittel benötigt. Neben den hierfür üblichen Antragsformularen und –unterlagen würden Kreditgeber gerne mehr Hintergrundinformationen erhalten.

Existenzgründungen aus Sicht von Personen: hierbei geht es weniger um finanzielle Transaktionen, sondern zu allererst um Personen, d.h. auch um den Existenzgründer selbst. Es geht um: Transparenz über Eigenschaften, heilsamer Zwang zur Offenheit, Kreditwürdigkeit, Überzeugungskraft stärken, Standortvermessung, strategisch und nachhaltig, Wissensbilanzen für sich nutzen, Strategiealternativen gewichten, Finanzperspektive im Blickfeld, Konzept für Altersvorsorge einbauen, die Zukunft ist ungewiss, Business Intelligence-Potenzial, Einflussfaktoren im Wirkungsnetz, Erfolgsfaktoren, Bewertungsdimensionen, Umsetzung in Bewertungsnetze, im Rating-Portfolio.

Präsentation persönlicher Kreditnehmerbonität - alles dafür vorbereiten, um auf gleicher Augenhöhe verhandeln zu können: eine gut aufgebaute Personalbilanz unterstützt den Kreditnehmer bei der strukturierten Erfassung, Bewertung und Dokumentation seiner individuellen Erfolgsfaktoren, die für die Zukunftsfähigkeit seines Geschäftes von Bedeutung sind. Je besser der Kreditnehmer für seine Kreditgespräche gerüstet ist umso selbstbewusster kann er verhandeln und umso sicherer auftreten, wenn er sich auch für ansonsten manchmal als unangenehm empfundene Fragen zu seiner Person gut vorbereitet weiß. Viele Kreditnehmer gehen davon aus, dass sich in einem Kreditgespräch immer ungleich starke Verhandlungspartner gegenüber stehen: der Kreditsuchende fühlt sich leicht als Bittsteller, die Bank wird immer als die Gewährende und als gefühlte Stärkere gesehen. Trotz seiner im Vergleich zur Bank verschwindend geringen Größe und seiner vermeintlich schwachen Verhandlungsposition sollte der Kreditnehmer alles ihm Mögliche unternehmen, um auf gleicher Augenhöhe verhandeln zu können. Neben fundierten Geschäftsplänen und einer transparenten Wissensbilanz des Unternehmens erscheinen die hier angesprochenen Grundlagen nicht als das schlechteste Mittel. Es geht um: Kreditwürdigkeit – Hürde Kreditsicherheit, projektorientierte Kapitalbedarfsplanung, Cash Flow Cycle, Lifecycle-Finanzströme, krisenfeste Bonität präsentieren, Person des Kreditnehmers, Kreditwürdigkeit überzeugend präsentieren, Präsentationstool Personalbilanz.

		Wirkungsstärke aktiv	Beeinflussung passiv	Abweichung (+/-)
451	Reifegrad Gründer-Konzept	12	12	0
452	Kapitalbedarf	14	16	-2
453	Standortanalyse	16	18	-2
454	Marktattraktivität	17	10	7
455	Stärken-Schwächen-Relation	16	16	0
456	Chance-Risiko-Relation	8	15	-7
457	Wille zum Erfolg	19	15	4
458	Geschätztes Umsatzvolumen	7	16	-9
459	Verhandlungsgeschick	24	13	11
460	Knowhow	12	14	-2
		145	145	

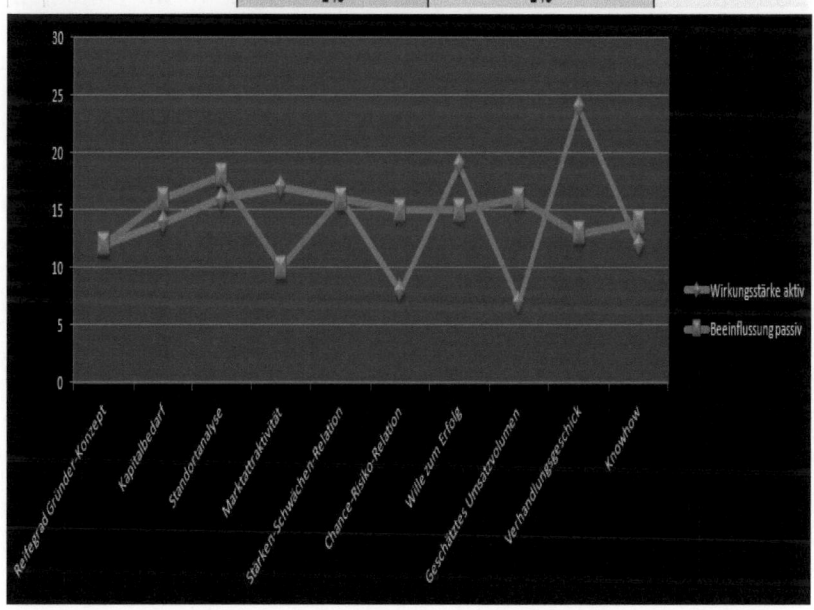

Wertorientierte Steuerungsprinzipien mit Strategiecontrolling: verbinden, was zusammengehört, finanzielle Kennziffern werden mit Werthebeln und Werttreibern im operativen Geschäft verknüpft

Mit Hilfe der Orientierung am Unternehmenswert soll: derjenige Geldbetrag in den Vordergrund rücken, der durch eine Investition als Cash Flow verfügbar ist oder nach Abschluss eines Geschäfts übrig bleibt, das komplexe handels- und steuerrechtliche Rechenwerk auf seine Grundlagen, nämlich die Zahlungsgrößen, zurückgeführt werden, die Mindestverzinsung des eingesetzten Kapitals vom Risiko der jeweiligen Investition abhängig gemacht werden, erkennbar gemacht werden, wo im Unternehmen einerseits Geld erwirtschaftet wird und wo andererseits Handlungs- und Verbesserungsbedarf besteht. Für die Erzielung von Wertsteigerung stehen prinzipiell zwei Wege offen: Erhöhung der Rentabilität oder Veränderung des Investitionswertes (entweder durch profitables Wachstum oder durch Rückzug aus unrentablen Geschäften). Dafür muss sich das wertorientierte Denken und Handeln auf allen Ebenen etablieren.

Das erfordert Transparenz: die finanzielle Kennziffer wird mit den Werthebeln und Werttreibern im operativen Geschäft verknüpft (und dadurch besser verständlich). Sind diese Einflussfaktoren erkannt und transparent gemacht, kann man auch im täglichen Geschäft auf diese Größen gezielt einwirken, um so einen Beitrag zur Wertschaffung zu leisten. Die Identifizierung der Werttreiber kann mit Hilfe einer „Value Improvement Analysis (VIA)" erfolgen. Dabei geht man von der einfachen Erkenntnis aus, dass es auf jeder Ebene des Unternehmens Einflussgrößen gibt, die für die Wertschaffung wichtig sind: operative Steuerungsgrößen wie Qualität, Liefertreue, Kundenzufriedenheit, Anzahl kostenintensiver Umrüstvorgänge in der Produktion (die bereits auf der unteren Ebene der Wertschöpfungs-Pyramide Einfluss auf die Rendite nehmen). Die VIA-Methode hilft, diese Werttreiber zu ermitteln und transparent zu machen, sodass jeder Mitarbeiter das Zusammenspiel der Faktoren erkennt und entsprechend handeln kann.

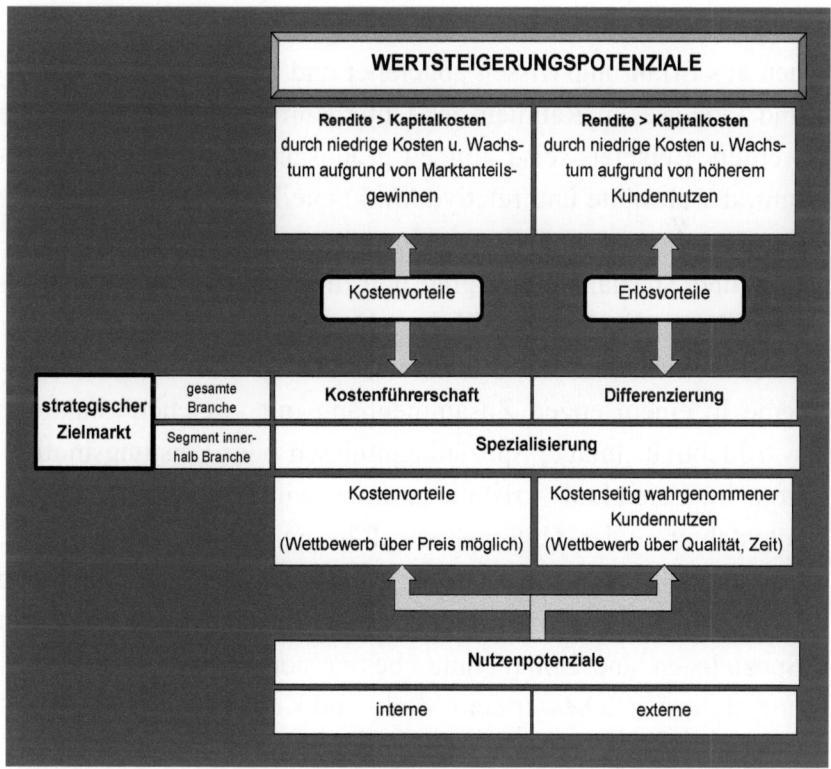

Sensoren der Zukunftsfähigkeit oder was ist Erfolg?: das Zusammenwirken von materiellen und immateriellen Ressourcen für den Geschäftserfolg wird in den Wirkungszusammenhängen untersucht. Erfolgreich ist ein Unternehmen, wenn es langfristig auch unter schwierigen Rahmenbedingungen so rentabel ist, dass es sich im Wettbewerb behaupten kann. Die Erfolgsfaktorenanalyse dient dem Zweck, zentrale Einflussgrößen für den Gesamterfolg des Unternehmens ausfindig zu machen. Es soll systematisch nach Schlüsselfaktoren gesucht werden, die die Erfolgsperspektiven von Strategien maßgeblich beeinflussen. Suche nach Schlüsselfaktoren: aussagekräftige Ergebnisse können aus Erfahrungswissen abgeleitet und zur Problemerkennung und -analyse im Rahmen der Unternehmensplanung eingesetzt werden. Beispielsweise können grundsätzlich das Marktwachstum, der absolute und relative Marktanteil, das Marketing sowie die Forschungs- und Entwicklungsintensität, der Diversifikations- und Spezialisierungsgrad und die Investitionsintensität als kritische Größen für den Unternehmenserfolg definiert werden. Dabei stehen "harte" Faktoren wie Strategie, Struktur und Systeme in einem engen Zusammenhang mit "weichen" Faktoren wie Identität, Image, Spezialkenntnissen oder Leistungsmotivation. Im Zeitablauf kristallisieren sich immer wieder neue Erfolgsfaktoren der Unternehmensführung heraus. So ist heute Flexibilität wichtiger als Größe: Aufgrund neuer Techniken und Geschäftsmodelle wie Outsourcing und Partnerschaften mit Spezialisten sind Unternehmen besser steuer- und kontrollierbar und können sich besser dem Markt und Kostengefüge anpassen.

Es geht um: Erfolgsfaktoren nur ein Teilaspekt des Ganzen, Suche nach Schlüsselfaktoren, Innovationsfähigkeit wichtiger als Marktführerschaft, viele kleine Dinge besser als die Konkurrenz tun, Erfolgsfaktor Veränderungskompetenz, Erfolgsfaktor GE-1: Image und Bekanntheitsgrad, Werbung kann Positionen untermauern nicht schaffen, Gesamtheit aller Dinge, Erfolgsfaktor GE-2: Marktattraktivität, Marktposition, Positionierung basiert auf Zielrichtung, Erfolgsfaktor Entwicklungspotential – Umfeldbeobachtung, mit dem Ohr am Boden horchen, Eigenbilderhebung – wer sind wir und was wollen wir, Erfolgsfaktor GE-4: Leistungsqualität, Qualitätslenkung und -sicherung, zusammengehörende Bündel von Qualitätskriterien, Lieferqualität, Prinzip 3-fach Bewertung, Prinzip Ampelanzeige, fiktive Beispiel-Bewertung Image und Bekanntheitsgrad, fiktive Beispiel-Bewertung Marktstellung, Wettbewerbsposition, fiktive Bewertung Entwicklungspotenziale, Umfeldbeobachtung, Clusteranalyse, fiktive Beispiel-Bewertung Leistungsqualität, Quantität-Erfolgsfaktorenprofil, Qualität- Erfolgsfaktorenprofil, Systematik-Erfolgsfaktorenprofil, Gesamt- Erfolgsfaktorenprofil, Überblick fiktiver Erfolgsfaktor-Bewertungen, Bubbles-Definitionen, Quantitätportfolio Erfolgsfaktoren, Qualitätportfolio Erfolgsfaktoren, Systematikportfolio Erfolgsfaktoren, weiterführende Informationen.

Strategiecontrolling – verbinden, was zusammengehört: Strategieprozesse sind durch ein hohes Maß an Komplexität gekennzeichnet. Die Gestaltung der einzelnen Prozesse muss daran gemessen werden, inwieweit sie dazu beitragen können, relevante Markt-, Kunden- und Ressourcenpotenziale auszuschöpfen. Die Gefahr, das Unternehmen an den Marktrealitäten vorbei zu steuern besteht immer dann, wenn die Reaktionszeiten zu lang und das Informationsinstrumentarium zu sehr auf die Fortschreibung der Vergangenheit statt auf die Beherrschung der Zukunft ausgerichtet ist. Das Strategiecontrolling muss daher die Instrumente immer so ausrichten, dass sie ein Gleichgewicht zwischen einerseits dem Denkbaren und andererseits dem Machbaren herstellen. In der heutigen Wirtschaftswelt ist die Entwicklung und Analyse von Voraussagen und Plänen von vitaler Bedeutung. Methodisch durchdachte und daher in sich stimmige und abstimmfähige Wissensbilanzen können hierbei wertvolle Dienste leisten. Ziel ist das Aufzeigen von möglichen Verbindungen zwischen Business Intelligence-Sachverhalten und Wissensbilanzen. Gegenstand der Betrachtung sind somit vornehmlich wissensintensiv ausgerichtete Unternehmen.

Es geht um: Gleichgewicht zwischen Denk- und Machbarem, Kapital, das nicht in der Bilanz steht, Sockel unter der Wasseroberfläche, Positionierung mit Intellektuellem Kapital, Wettbewerbsvorsprung durch Wissensvorsprung, Verbindung von Strategie und Aktion, Konzept für verschiedene Perspektiven, von finanzwirtschaftlicher zu strategischer Analyse, Gleichgewicht zwischen Zielgrößen anstreben, vier Standard-Perspektiven, strategische Zusammenhänge kommunizieren, Strategien in Aktionen umsetzen, ausgewogenes Verhältnis zwischen Zielprinzipien, Performance-Kennziffern, Zielplanung mit Target-Kosten, Market into Company, Zielkosten-Index, Selektion strategischer

Ziele, Strategien nicht unbesehen kopieren, unterschiedliche Strategie-Blickfelder, nach Wissensbilanz-Methode, Prinzip 3-fach-Bewertung, Prinzip Ampelanzeige, Prinzip Potentialanzeige, Prinzip Verknüpfungsanzeige, Prinzip Wirkungsanzeige, Demo-Beispiel graphisches Strategie-Wirkungsnetz, weiterführende Informationen.

Zahlungsüberschüsse und Kapitalkosten: zentrale Stellgrößen sind die zukünftig erwarteten Zahlungsüberschüsse (Cash Flow), die Planungsperiode, über die der Cash Flow ermittelt wird und die Kapitalkosten, die zur Diskontierung des Cash Flow auf den heutigen Zeitpunkt angesetzt werden. Der Grundgedanke ist einfach: Investitionen erfordern Geld, das auf dem Kapitalmarkt verzinst wird. Deshalb werden beim Wertmanagement die Bedingungen des globalen Kapitalmarkts zugrunde gelegt. Jede Investition muss dem Unternehmen mindestens den Ertrag bringen, den die marktübliche Verzinsung des eingesetzten Kapitals verspricht und der die Reproduktion des abgenutzten Wirtschaftsguts ermöglicht. Diese Mindestrendite wird auch als „hurdle = Hürde" bezeichnet, d.h. es gilt, diese jährlich neu definierte „Hürde" -mit möglichst deutlichem Abstand zu überspringen. Eine detaillierte, weit in die Zukunft gerichtete Cashflow-Rechnung soll den „Wert" der Investition für das Unternehmen sicherstellen, d.h. soll auf Basis der Rohstoff-, Fertigungs- und Vertriebskosten sowie vieler anderer Einflussfaktoren die zukünftigen Erlöse in Relation zu den Investitionsausgaben bringen. D.h. für ein integriertes Wertmanagementsystem ist Weitblick, statt kurzfristiges Anpeilen einzelner Ziele gefragt.

Mit Hilfe des Wertmanagements können wichtige Steuerungsgrößen erarbeitet werden: Operativer Cashflow, Netto Cashflow, Freier Cashflow, Discounted Cashflow, Cashflow-Return-on-Investment (CFRoI), Gesamtkapitalkosten, Cash Value Added (CVA), Economic Value Added (EVA), Return on Capital Employed (ROCE), Return on Net Assets (RONA).

Personalbilanz mit Auswertung von passiver Beeinflussung: je wissensintensiver die Leistungen des Unternehmens sind, um größer ist die Bedeutung dieses in Köpfen gespeicherten Wissens - somit sind Mitarbeiter immer auch Produzenten und Inhaber immaterieller Vermögenswerte

Passive Beeinflussung/ Einwirkung vom Gesamtsystem her, d.h. für jeden der ausgewählten Einflussfaktoren kann ermittelt werden, mit welcher Wirkungsstärke er dem Einfluss des Gesamtsystems aller übrigen Faktoren ausgesetzt ist. Für jeden der ausgewählten Einflussfaktoren kann ermittelt werden, mit welcher durchschnittlichen Zeitdauer zu rechnen wäre, bis ein Einfluss vom Gesamtsystem jeweils auf ihn einwirken würde. Anteil Wirkungsstärke von Gesamt, d.h. für jeden der ausgewählten Einflussfaktoren kann ermittelt werden, mit welchem Anteil er passiv von jeweils anderen Faktoren beeinflusst werden kann.

Zeitdauer als Abweichung vom Durchschnitt, d.h. für jeden der ausgewählten Einflussfaktoren kann ermittelt werden, wie stark er vom Durchschnitt des Gesamtsystems abweicht hinsichtlich der zu erwartenden Zeitdauer, bis er passiv beeinflusst werden kann. Aktive Wirkungsstärke vs. passive Beeinflussung, d.h. für jeden der ausgewählten Einflussfaktoren wird ermittelt, in welcher Stärke er jeweils aktiv auf andere Faktoren einwirkt im Vergleich zur entsprechenden Stärke, in der er von diesen Faktoren wiederum passiv beeinflusst wird.

Qualifikation und Wissen - alles was Personen in das Unternehmen einbringen: das Humankapital (HK) umfasst alle Eigenschaften und Fähigkeiten, die einzelne Personen in ein Unternehmen einbringen, z.B.: Mitarbeiterqualifikation, soziale Kompetenz, Mitarbeitermotivation, Führungskompetenz. Humankapital ist im Besitz der betreffenden Person und verlässt mit ihr das Unternehmen. D.h. das spezifische Wissen eines Unternehmens ist zu einem bedeutenden Teil in Köpfen gespeichert. Je wissensintensiver die Leistungen des Unternehmens sind, um größer ist die Bedeutung dieses in Köpfen gespeicherten Wissens. Somit sind Mitarbeiter immer auch Produzenten und Inhaber immaterieller Vermögenswerte. D.h. Verlust von Wissensarbeitern bedeutet somit immer auch Kompetenzeinbußen.

Wann ist ein Unternehmen erfolgreich? In jedem Fall spielt der menschliche Faktor des Erfolgs eine große Rolle: dauerhafter Erfolg hängt zuerst immer von Mitarbeitern und Kunden, d.h. Menschen ab. Diesen ist wichtig, dass sie sich ernst genommen und gerecht behandelt fühlen. Als Mitarbeiter sind sie dann motivierter, engagierter und fester in das Unternehmen eingebunden. Sie fühlen sich auch für den Erfolg verantwortlich. Auch Kunden wollen sich in ihren Wünschen verstanden fühlen. Längerfristige, nicht-lineare Wirkungsketten: die Ressource "Humankapital" weist somit eine Reihe charakteristischer Merkmale auf. Wertschöpfung: menschliche Arbeit wird zunehmend als Quelle für betriebliche Wertschöpfung erkannt, sie ist jedoch nicht von den Personen, die sie leisten, zu trennen.

Wertvorstellungen: Menschen in Organisationen sind keine passiven Gestaltungsobjekte, sondern Träger von Zielen, Bedürfnissen, Wertvorstellungen und der Möglichkeit des (re-) aktiven Handelns, was sich u.a. in der Aversion gegenüber (zusätzlicher) Steuerung und Kontrolle manifestiert. Entscheidungen: Personalentscheidungen haben einen hohen internen politischen Charakter und lösen im Gegensatz zu Sachentscheidungen längerfristige, nicht-lineare Wirkungsketten aus. *Messprobleme:* viele personalwirtschaftliche Tatbestände entziehen sich einer quantitativen oder gar monetären Erfassung und erfordern die Berücksichtigung qualitativer Daten und Indikatoren. Einflussfaktoren für Humankapital sind beispielsweise: Aus- und Weiterbildung, Erfahrungen und Kompetenzen aufbauen, Mitarbeiter motivieren. Nichtwissen/ Nichtbeachtung in diesen Fragen/ Einflussfaktoren kann sich heutzutage kein Unternehmen mehr leisten.

Es geht um: Humanfaktoren nur ein Teilaspekt des Ganzen, längerfristige, nicht-lineare Wirkungsketten, häufige Fragen an das Unternehmen, Humankapital HK-1: Unternehmerische Kompetenz, Motivationsstärke, Humankapital HK-2: Ausbildung, Fachqualifikation, Humankapital Mitarbeiterzufriedenheit, -motivation, Humankapital HK-4: Wissensmanagement, 80 % Business-Wissen steckt in Informationssystemen, Funktionen des Wissensmanagement, Prinzip 3-fach Bewertung, Prinzip Ampel-Anzeige, Beispiel-Bewertung unternehmerische Kompetenz, Beispiel-Bewertung Aus-, Weiterbildung, Fachqualifikation, Beispiel-Bewertung Mitarbeiterzufriedenheit, -motivation,

Beispiel-Bewertung Wissensmanagement, Quantitätprofil Humanfaktoren, Qualitätprofil Humanfaktoren, Systematikprofil Humanfaktoren, Gesamtprofil Humanfaktoren, Gesamtüberblick der fiktiven Beispiel-Bewertungen, Quantitätportfolio für Humanfaktoren, Qualitätportfolio für Humanfaktoren, Systematikportfolio für Humanfaktoren, weiterführende Informationen – Geschäftsplanung, Führungspositionen.

		Beeinflussung vom Gesamtsystem	mit durchschnittlicher Zeitdauer	
401	Reifegrad Gründer-Konzept	12	1,7	1=kurzfristig, 2= mittelfristig, 3=langfristig
402	Kapitalbedarf	16	2,1	1=kurzfristig, 2= mittelfristig, 3=langfristig
403	Standortanalyse	18	1,9	1=kurzfristig, 2= mittelfristig, 3=langfristig
404	Marktattraktivität	10	1,9	1=kurzfristig, 2= mittelfristig, 3=langfristig
405	Stärken-Schwächen-Relation	16	1,6	1=kurzfristig, 2= mittelfristig, 3=langfristig
406	Chance-Risiko-Relation	15	2,0	1=kurzfristig, 2= mittelfristig, 3=langfristig
407	Wille zum Erfolg	15	1,8	1=kurzfristig, 2= mittelfristig, 3=langfristig
408	Geschätztes Umsatzvolumen	16	1,7	1=kurzfristig, 2= mittelfristig, 3=langfristig
409	Verhandlungsgeschick	13	2,1	1=kurzfristig, 2= mittelfristig, 3=langfristig
410	Kapitalbedarf	14	2,1	1=kurzfristig, 2= mittelfristig, 3=langfristig
	GESAMT	145	2,1	

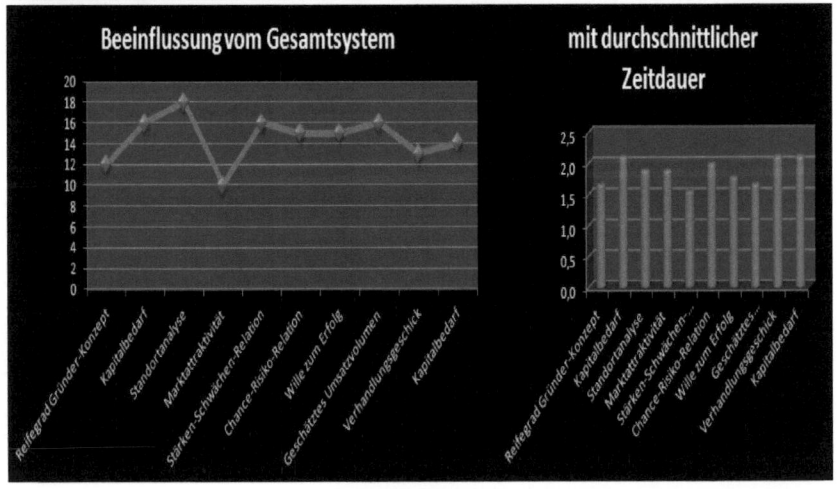

Sensitivitätsanalyse kritischer Werte, Entscheidungstechniken als Krisenschutz: Erfolg = Summe richtiger Entscheidungen - Eintrittswahrscheinlichkeiten und Nutzwerte von Entscheidungsalternativen können mit Hilfe einer Entscheidungsmatrix dargestellt werden

Mit der Sensitivitätsanalyse kritischer Werte können Fragen zur Risikobeurteilung von mit Unsicherheiten behafteten Investitionsentscheidungen unterstützt werden, beispielsweise: wie hoch ist die kritische Absatzmenge, bei der der Kapitalwert gerade Null ist? wie hoch ist der kritische Verkaufspreis, damit gerade noch ein interner Zinsfuss von x % erreicht werden kann? D.h. mit solchen kritischen Werten lassen sich maximal zulässige Abweichungen errechnen, die ein Investitionsvorhaben gerade noch vorteilhaft machen.

Rechenbeispiel: Die Wirtschaftlichkeit der Einführung eines neuen Produktes soll beispielsweise anhand folgender Ausgangssituation analysiert werden: Marktuntersuchungen haben ergeben, dass das gesamte Marktvolumen für das neue Produkt auf durchschnittlich 27.500 Einheiten/Jahr geschätzt wird. Der Startup XY erwartet hiervon für sich einen eigenen Marktanteil von 8 % und glaubt, diesen bei einem Verkaufspreis von 28,45 Euro pro Stück realisieren zu können. Insgesamt soll hierfür eine Investitionssumme von 48.100 Euro aufzubringen sein, die variablen Kosten wurden mit 12,35 pro Stück ermittelt. Des weiteren erwartet man, dass für die Durchführung des Vorhabens pro Jahr zusätzliche Mietkosten von 8.950 Euro sowie zusätzliche Personalkosten (Vertrieb) von 12.350 Euro anfallen werden. Nach Vorgaben der Geschäftsleitung soll ein interner Zins von 9 % vor Steuer realisiert werden. Mit diesen Ausgangswerten errechnen sich:

Jährliche Einnahmen

= geschätzter Marktanteil (Stück) x Vk-Preis/Stück

= 0,08 x 27.500 x 28,45

= 62.590

Jährliche Ausgaben

= geschätzter Marktanteil (Stück) x variable Kosten/Stück

+ zusätzl. Mietkosten + zusätzl. Personalkosten

= 0,08 x 27.500 x 12,35 + 8.950 + 12.350

= 14.120

Berechnung der Barwerte: für die Berechnung der Barwerte können für den gem. Vorgabe zu erzielenden internen Zins von 9% die Abzinsungsfaktoren aus nachfolgernder Tabelle entnommen werden:

ABZINSUNGSFAKTOR									
Periode	Zinssatz (%)								
(Jahr)	1	2	3	4	5	6	7	8	9	10
1	0,990	0,980	0,971	0,961	0,952	0,943	0,935	0,926	0,917	0,909
2	0,980	0,961	0,943	0,925	0,907	0,890	0,873	0,857	0,842	0,826
3	0,971	0,942	0,915	0,889	0,864	0,840	0,816	0,794	0,772	0,751
4	0,961	0,924	0,888	0,855	0,823	0,792	0,763	0,735	0,708	0,683
5	0,951	0,906	0,863	0,822	0,784	0,747	0,713	0,681	0,650	0,621
6	0,942	0,888	0,837	0,790	0,746	0,705	0,666	0,630	0,596	0,564
7	0,933	0,871	0,813	0,760	0,711	0,665	0,623	0,583	0,547	0,513
8	0,923	0,853	0,789	0,731	0,677	0,627	0,582	0,540	0,502	0,467
9	0,914	0,837	0,766	0,703	0,645	0,592	0,544	0,500	0,460	0,424
10	0,905	0,820	0,744	0,676	0,614	0,558	0,508	0,463	0,422	0,386
11	0,896	0,804	0,722	0,650	0,585	0,527	0,475	0,429	0,388	0,350
12	0,887	0,788	0,701	0,625	0,557	0,497	0,444	0,397	0,356	0,319
13	0,879	0,773	0,681	0,601	0,530	0,469	0,415	0,368	0,326	0,290
14	0,870	0,758	0,661	0,577	0,505	0,442	0,388	0,340	0,299	0,263
15	0,861	0,743	0,642	0,555	0,481	0,417	0,362	0,315	0,275	0,239

Aus den im Rechenbeispiel angenommenen Inputvariablen errechnet sich nach 10 Jahren ein Kapitalwert von 42.494 Euro (Vgl. nachfolgendes EXCEL-Rechenblatt):

Marktvolumen/Periode:	27.500				
eigener Marktanteil in %:	8,0%	Wie gross ist der Kapitalwert des Investitions			
VK-Preis in Euro/Stck.:	28,45	vorhabens bei einem Zinssatz von 9 % ?			
Investition:	48.100				
variable Kosten in Euro/Stck.:	12,35				
zusätzl. Mietkosten/Periode:	8.950				
zusätzl. Personalkosten/Periode:	12.350				

Periode (Jahr)	Einnahmen lfd.	Ausgaben lfd.	Netto- Geldfluss	Abz.-Faktor i=9%	Barwert
0	0	-48.100	-48.100	1,000	-48.100
1	62.590	-48.470	14.120	0,917	12.948
2	62.590	-48.470	14.120	0,842	11.889
3	62.590	-48.470	14.120	0,772	10.901
4	62.590	-48.470	14.120	0,708	9.997
5	62.590	-48.470	14.120	0,650	9.178
6	62.590	-48.470	14.120	0,596	8.416
7	62.590	-48.470	14.120	0,547	7.724
8	62.590	-48.470	14.120	0,502	7.088
9	62.590	-48.470	14.120	0,460	6.495
10	62.590	-48.470	14.120	0,422	5.959
				Kapitalwert:	42.494

Entscheidungstechniken als Krisenschutz - Erfolg = Summe richtiger Entscheidungen. Wenn Krisen eines lehren, dann dies: man sollte tunlichst alles in seiner Macht stehende unternehmen, um bereits ihren Wurzeln das Wasser abzugraben. Für eine Krise gibt es selten nur einen Grund, sondern meistens viele Ursachen. Ebenso wenig ist für eine Krise immer nur ein, vielleicht auch noch mehr oder weniger anonymes System (beispielsweise zügelloser Kapitalismus, die Gier oder ein Ordnungs- und Regelsystem) verantwortlich. An Krisen sind immer Personen beteiligt, zu nicht geringen Anteilen werden sie von diesen auch erst gemacht. Die besten ausgeklügelten Entscheidungstechniken nutzen wenig, wenn die, die sie anwenden, nicht über die erforderlichen Personalfaktoren und -eigenschaften verfügen. Vor diesem Hintergrund wird versucht, eine begehbare Brücke zwischen Entscheidertechniken und -eigenschaften (Personalfaktoren) zu finden. Im Vordergrund stehen dabei vor allem kleine Wirtschaftseinheiten wie beispielsweise Existenzgründer und KMU (kleine und mittlere Firmen), die nicht einen allein aus ihrer Größe heraus aufgespannten Schutzschirm genießen dürfen. Die aber auf der anderen Seite den Vorteil haben, dass in ihrem Bereich die Zusammenhänge noch überschaubar bleiben und gleichzeitig flexibel und proaktiv agieren (statt nur passiv zu reagieren) können und deren Entscheidungswege kurz sind. Das Ganze soll eingebettet sein in ein breit gefächertes System aus Wissens-, Personal-, und Standortbilanzen.

Es geht um: Wissens-, Personal-, Standortbilanz im Hintergrund, Kombination von Qualität und Stärken, Ausgangslage:

Entscheiderprofil, weites Entscheidungsfeld der Existenzgründung, Entscheidungsmatrix schafft Übersicht, Technik der Polarprofile, Entscheidungsbaumtechnik, Risiko- Entscheidungsrechnung mit Quantilen, Entscheidungshilfen von Auftragsinformationen, Entscheidungshilfen von Liquiditätsinformationen, persönliche Potentialfaktoren des Entscheiders, Business Intelligence – Entscheidungspotentiale, Durchblick im Entscheiderfaktoren-Wirkungsnetz, Wirkungsanalyse für Einzelfaktoren, Aktiv- und Passivsummen der Faktorwirkungen, Wahrnehmung des wahrscheinlichen Risikos, Risikoanalyse statt Kristallkugel, Entscheidungs-Tool Customer Retention, Szenariotechniken für mehrere Zukünfte, Konzept der Vorsichtslinie, Entscheidung: offensiv agieren oder defensiv reagieren?, Scanning mit 360-Grad-Suchverfahren, RoI- Entscheidungsrechnung, RoI-Sensitivitätsrechnung, Entscheidungstechnik Gewichtsverfahren.

Im Klartext: Entscheidungen müssen fundiert und unter Abwägung aller erkennbaren Chancen und Risiken möglichst zielgerichtet getroffen werden. Ebenfalls von Beginn an sollte deshalb nach geeigneten Unterstützungswerkzeugen und -techniken Ausschau gehalten werden, um Entscheidungen nicht nur aus dem Bauchgefühl heraus treffen zu müssen. Denn Gewinn ist immer auch eng mit Risiko verknüpft, d.h. ganz ohne Risiko gibt es auch keinen Gewinn. Der Kampf gegen das Risiko wird wesentlich vom vorhandenen Entscheidungsvermögen, d.h. Entscheidungstechniken als Denkhilfen, bestimmt. Es gilt Murphys Gesetz von der Böswilligkeit des Zufalls: nicht entscheiden heißt, den Zufall entscheiden zu lassen. Und der ist meist nicht kreativ, aber oft missgünstig. Der Zufall mag Entscheidungen abnehmen, aber die Folgen gehen immer ganz zu Lasten des Nicht-Entscheiders. D.h. Erfolg = Summe richtiger Entscheidungen!

Voraussetzung für Entscheidungen sind Ziele und Alternativen: ohne klare Ziele gibt es auch keine sinnvollen Entscheidungen. Keine Alternativen zu kennen bedeutet Handeln ohne Freiheitsgrade. Entscheidungsmatrix schafft Übersicht: Eintrittswahrscheinlichkeiten und Nutzwerte von Entscheidungsalternativen können mit Hilfe einer Entscheidungsmatrix dargestellt werden. In einer ersten Vorstufe werden dabei die zur Diskussion stehenden Handlungsalternativen in einer Ergebnismatrix den zu erwartenden Situationen gegenübergestellt. Diese Matrix wird dann in eine Nutzenmatrix überführt. Anhand einer Nutzenskala von beispielsweise 1 – 10 (1 = geringster Nutzen, 10 = größter Nutzen) werden die oben herausgefundenen verschiedenen Alternativen bewertet. Mini-Max-Entscheidungsmethode: kann man sich nicht auf bestimmte Eintrittswahrscheinlichkeiten festlegen, kann die Mini-Max-Methode weiterhelfen. Diese basiert auf der Nutzenmatrix und wählt danach diejenige Handlungsalternative aus, bei der der jeweils mögliche niedrigste Nutzen am höchsten ist: möglicher niedrigster Nutzen Alternative I. = 3, möglicher niedrigster Nutzen Alternative II. = 2, möglicher niedrigster Nutzen Alternative III. = 3.

Entscheidungsparameter Marketing-Index: mit Hilfe des Marketing-Index können Markteinführungsentscheidungen unterstützt werden. Beispielsweise soll die Entscheidung für oder gegen die Einführung eines neuen Produktes anhand von 18 Kriterien abgeleitet werden: Marktpotenzial, Marktchance, Absatzwege, Wettbewerbsfähigkeit, Preis-Leistungsverhältnis, Qualität, Lebensdauer/ -zyklus, Marktbreite, Saisonabhängigkeit, Alleinstellungsmerkmale, Produktionskapazitäten, Personal + Wissen, Rohstoffe, Standort, Wachstumspotenzial, Marktstellung, Kundenattraktivität und Kundenzufriedenheit. Je nach ihrer Bedeutung stuft der Entscheider nun jedes dieser 18 Kriterien hinsichtlich seiner jeweiligen Bedeutung (1 = geringe Bedeutung für das Unternehmen, 5 = sehr große Bedeutung für das Unternehmen) ein. Anschließend wird das zur Markteinführung vorgesehene neue Produkt anhand einer Skala (z.B. von 1 - 15; 1 Punkt = sehr schlecht, 3 Punkte = schlecht, 4-8 Punkte = durchschnittlich, 9-12 Punkte = gut, 13-15 Punkte = sehr gut) bewertet.

Bei unterschiedlichen Einschätzungen wird das arithmetische Mittel aus diesen eingesetzt. Die Summe dieser Bewertungen ergibt die sogenannte Marketing-Indexzahl. Ist diese beispielsweise < 80 Punkte = Produkt nicht einführen, = 80 - 100 Punkte = Produkt mit Bedenken einführen, > 100 - 120 Punkte = Produkt einführen, > 120 Punkte = Produkt unbedingt einführen. Entscheidungsbaumtechnik: hierbei wird das Denken in Alternativen und deren immer weiter verzweigten Unteralternativen grafisch unterstützt. Beispielsweise überlegt ein Entscheider, seinen Marktanteil durch Preissenkung zu erhöhen. Hierfür ist eine Entscheidung darüber zu treffen, ob der Preis für das Produkt entweder landesweit oder nur auf einem Teil-/ Testmarkt herabgesetzt werden soll.

Die Entscheidungstabellentechnik eignet sich besonders für überschaubare, kurzfristige Entscheidungssituationen. Beispielsweise steht ein Entscheider vor der Situation, ob er für ein bestimmtes Produkt eine Werbekampagne durchführen soll oder nicht. Falls eine solche Maßnahme durchgeführt wird, wäre mit einer Wahrscheinlichkeit von 60 Prozent zu berücksichtigen, dass die Konkurrenz gleichfalls mit Werbeaktivitäten reagieren würde. Würde er selbst keine Kampagne starten, würde die Konkurrenz mit einer Wahrscheinlichkeit von 80 Prozent die Gelegenheit für Werbeaktivitäten nutzen. Falls sich der Entscheider für die Werbekampagne entscheiden würde, könnten bei einer nachfolgenden Werbung der Konkurrenz 162.000 Euro Umsatz erwartet werden, von denen nach Abzug der geschätzten Kosten von 32.000 Euro noch 130.000 Euro als Netto-Cash-Flow verbleiben würden. Bleiben seitens der Konkurrenz mit einer Wahrscheinlichkeit von 40 Prozent entsprechende Werbeaktivitäten aus, würde der Netto-Cash-Flow aufgrund eines um 43.000 Euro zu erwartenden Mehrumsatzes dann 173.000 Euro betragen. Würde der Entscheider keine Werbekampagne durchführen und die Konkurrenz wirbt ebenfalls nicht, würde der Netto-Cash-Flow 110.000 Euro betragen. Falls jedoch bei eigenem Werbeverzicht die Konkurrenz stattdessen ihrerseits werben würde, würde sich dieser Wert auf 85.000 Euro reduzieren.

Solche oder ähnliche Tatbestände lassen sich anhand eines Entscheidungsbaums mit den entsprechenden Zahlungsströmen verdeutlichen. Die Multiplikation der je Ast des Entscheidungsbaumes errechneten Cash-Flow-Werte mit den dazugehörigen Eintrittswahrscheinlichkeiten ergibt die für die Entscheidung zu berücksichtigenden Erwartungswerte, die jeweils pro Entscheidungsalternative zu addieren sind. Risiko- Entscheidungsrechnung mit Quantilen: es werden Arbeits- und Rechenhilfen dargestellt, die dabei unterstützen sich bewusst zu machen, welche Risiken man bereit ist einzugehen.

In dem nachfolgenden Modellbeispiel wollen wir uns in die Rolle des Entscheiders versetzen, der beispielsweise auf Basis von einigen wichtigen Eckdaten zu entscheiden hat, ob ein bestimmtes Produkt entwickelt und am Markt eingeführt werden soll oder nicht. Messlatte hierfür soll folgende Entscheidungsregel sein: ist der zu erwartende Gewinn mit einer Wahrscheinlichkeit von 60% oder mehr positiv, so wird die Produktentwicklung befürwortet, anderenfalls dagegen abgelehnt. Um die Rentabilität zu beurteilen und damit mögliche Fehlinvestitionen rechtzeitig zu vermeiden, soll das stark vereinfachte Entscheidungsmodell auf fünf Einflussvariablen, nämlich 1. F+E-Kosten, 2. Testkosten, 3. Herstellkosten, 4. Vertriebskosten und 5. Absatzmenge in Stück aufgebaut werden. Die Variable Preis/Stück wird zunächst als konstant angenommen. Jede dieser fünf Einflussvariablen soll jeweils drei Schätzwerte annehmen können, nämlich 1. den worst case, 2. den wahrscheinlichsten Fall und schließlich 3. den best case. Dabei treten im schlechtesten Fall bei allen

Variablen die jeweils ungünstigsten und im besten Fall bei allen Variablen die jeweils günstigsten Annahmen ein. Aus diesen 5 Variablen wird im -sehr vereinfachten- Grundmodell ein „wahrscheinlicher" Gewinn errechnet. Auf Grundlage der Modellannahmen könnte im schlimmsten Fall ein Verlust von <541.950> eintreten, andererseits bestünde im besten Fall auch die Möglichkeit eines Gewinns von 3.604.820. In jedem Fall dürfte nach diesen Daten der mögliche Gewinn weitaus höher als ein möglicher Verlust ausfallen. Um das Risiko genauer zu quantifizieren, müssten alle möglichen Fälle, d.h. alle möglichen Kombinationen der angenommenen fünf Modellvariablen durchgerechnet werden.

Preissignale Checkliste oder wie hoch ist die kritische Absatzmenge?

Eine breit fundierte Beurteilung der Preisentwicklung muss durch die regelmäßige Analyse einer breiten Palette kurzfristiger Konjunkturindikatoren ergänzt werden. Eine solche Analyse darf nicht rein „mechanisch" erfolgen, sondern muss vor dem Hintergrund der verhaltensbedingten und strukturellen Unsicherheiten gesehen werden, die die Beziehung zwischen Veränderungen der Verbraucherpreise und Veränderungen anderer gesamtwirtschaftlicher Variablen kennzeichnen. Zu den das Preisklima eher temporär bestimmenden Einflussgrößen gehören weitgehend exogene Faktoren, die sich vorwiegend zwar nur einmalig auf das Preisniveau auswirken, aber dennoch einen Druck auf die Preise erzeugen oder verstärken können. Bei der Beurteilung der Preisentwicklung geht es nicht darum, Preisveränderungen mechanisch auf Veränderungen der relevanten kurzfristigen Indikatoren zurückzuführen, da sich bestimmte Entwicklungen häufig unterschiedlich auf die Preise auswirken. Es kommt darauf an, wie Verbraucher und andere Wirtschaftsakteure reagieren, d.h. wie wahrscheinlich „Zweitrundeneffekte" sind. Die immer mehr zunehmende Dynamik der Märkte verstärkt gleichzeitig den Druck auf eine perspektivisch ausgerichtete Planungsbasis. Es geht darum sich schneller als die Konkurrenz auf das zukünftige Umfeld einstellen zu können, d.h. in Zeiten des schnellen Wandels wird Früherkennung/ -warnung immer mehr zum Königsweg: Gefahren und Risiken werden dadurch aufgespürt, bevor sie für das Unternehmen bedrohliche

Folgen zeigen, Gelegenheiten/ Potenziale können erfasst werden, bevor sie verlorengehen.

Auf Basis der oben verwendeten Beispieldaten soll nun die kritische Absatzmenge errechnet werden, d.h. diejenige Anzahl an Produkteinheiten, bei der der Kapitalwert gerade noch positiv (im Rechenbeispiel 26 Euro) ist. Da die jährlichen Rückflüsse mit konstant 14.120 Euro errechnet wurden, können die durchschnittlich erforderlichen Nettoeinnahmen mit Hilfe des aus folgender Tabelle entnommenen Rentenbarwertfaktors (i = 9%, 10 Jahre) errechnet werden:

RENTENBARWERTFAKTOR

Periode	Zinssatz (%)									
(Jahr)	1	2	3	4	5	6	7	8	9	10
1	0,990	0,980	0,971	0,961	0,952	0,943	0,935	0,926	0,917	0,909
2	0,197	1,942	1,913	1,886	1,859	1,833	1,808	1,783	1,759	1,736
3	2,941	2,884	2,829	2,755	2,723	2,673	2,624	2,577	2,531	2,487
4	3,902	3,808	3,717	3,630	3,546	3,465	3,387	3,312	3,240	3,170
5	4,853	4,713	4,580	4,452	4,329	4,212	4,100	3,993	3,890	3,791
6	5,795	5,601	5,417	5,242	5,076	4,917	4,767	4,623	4,486	4,355
7	6,728	6,472	6,230	6,002	5,786	5,582	5,389	5,205	5,033	4,868
8	7,652	7,325	7,020	6,732	6,463	6,210	5,971	5,757	5,535	5,335
9	8,566	8,162	7,786	7,435	7,108	6,802	6,505	6,247	5,995	5,759
10	9,471	8,983	8,530	8,111	7,722	7,360	7,024	6,710	6,418	6,145
11	10,368	9,787	9,253	8,760	8,306	7,887	7,499	7,139	6,805	6,495
12	11,255	10,575	9,954	9,385	8,863	8,384	7,943	7,536	7,161	6,814
13	12,133	11,348	10,365	9,986	9,394	8,853	8,358	7,904	7,487	7,103
14	13,004	12,106	11,296	10,563	9,899	9,295	8,745	8,244	7,786	7,367
15	13,865	12,849	11,938	11,118	10,380	9,712	9,108	8,559	8,061	7,606

Nettoeinnahmen
= Investitionssumme/ Rentenbarwertfaktor
= 48.100/7.495
= 6,418

Nettoeinnahmen + jährliche Fixkosten
= 7.495 + 8.950 + 12.350
= 28.795

Deckungsbeitrag/Stck.
= 28,45 - 12,35
= 16,10

kritische Absatzmenge
= 28.795 : 16,10
= 1.789 Stück

Marktanteil
= 1.789 : 27.500 x 100
= 6,5%

eigener Marktanteil in %:	6,5%
VK-Preis in Euro/Stck.:	28,45
Investition:	48.100
variable Kosten in Euro/Stck.:	12,35
zusätzl. Mietkosten/Periode:	8.950
zusätzl. Personalkosten/Periode:	12.350

Wie groß ist der Kapitalwert des Investitions-
vorhabens bei einem Marktanteil von 6,5 % ?

Periode (Jahr)	Einnahmen lfd.	Ausgaben lfd.	Netto-Geldfluss	Abz.-Faktor i=9%	Barwert
0	0	-48.100	-48.100	1,000	-48.100
1	50.893	-43.393	7.501	0,917	6.878
2	50.893	-43.393	7.501	0,842	6.316
3	50.893	-43.393	7.501	0,772	5.791
4	50.893	-43.393	7.501	0,708	5.311
5	50.893	-43.393	7.501	0,650	4.876
6	50.893	-43.393	7.501	0,596	4.471
7	50.893	-43.393	7.501	0,547	4.103
8	50.893	-43.393	7.501	0,502	3.765
9	50.893	-43.393	7.501	0,460	3.450
10	50.893	-43.393	7.501	0,422	3.165
				Kapitalwert:	26

Die geplante Absatzmenge beträgt 2.200 Stück (8 % von
27.500). Die Verkaufsleitung will berechnen, wie hoch bei die-

ser Menge der VK-Preis sein muss, damit sich die notwendige Investitionssumme von 48.100 noch rentiert. Da sich bei einem geplanten VK-Preis von 28,45 Euro/Stück ein positiver Kapitalwert von 42.494 errechnet wurde, muss der kritische VK-Preis darunter liegen, d.h.

Kapitalwert - geplante Absatzmenge x $(1 - (1 + i)^{-t}) : i = 0$
$42.494 - 2.200 \times (28,45 - X) \times 6,418 = 0$
$28,45 - X = 42.494 : (6,418 \times 2.200) = 2,99$
$X = 28,45 - 2,99$
$= \mathbf{25,46}$

Wissensbilanz mit Kundenbarometer - Kapital der Kundenbeziehungen: Geschäfte mit bereits existierenden Kunden werfen oft den höchsten Gewinn ab. An kaum einer anderen Stelle finden sich ähnlich hohe Gewinnpotentiale im Vergleich zu denen beim Ausbau des Geschäfts mit den eigenen Kunden. Neben den Potentialen der bestehenden Kundenbasis spielt insbesondere auch das Kostenverhältnis im Vergleich Kundengewinnung zu Kundenbindung eine Rolle: Statistisch gesehen kann jede ernsthafte Störung der Kundenbeziehung zum Verlust von 3-15 weiteren, potentiellen Käufern führen. Es kostet fünf- bis zehnmal mehr, einen neuen Kunden zu gewinnen, als einen bestehenden Kunden durch dessen Zufriedenheit an sich zu binden. Diese banale, allseits bekannte Feststellung hat es trotzdem verdient, sie sich von Zeit zu Zeit wieder ins Gedächtnis zu rufen. Voraussetzung für eine Stärkung von Kundenbindungsfaktoren ist die Verfügbarkeit detaillierter Informationen. Wichtig ist deshalb ein laufendes Monitoring der bestehenden Geschäftsbeziehungen, aus dem mit kontinuierlicher Datenerfassung sukzessive trennscharfe Kundenprofile aufgebaut werden können.

Es geht um: Strategiethema Kundenbindung, zielgruppenbewusstes Segment-Vorgehen, Kaufkraft und andere Kennziffern, Andocken am Gerüst der Wissensbilanz, Ausgangslage: Bewertung Wissensfaktoren, Ausgangslage: Wissensbilanz- Ampeldiagramme, Ausgangslage: Wissensbilanz-Portfolios, Wissensbilanz-Beziehungsfaktor: Kundenzufriedenheit, Kunden binden statt finden, Kundenklassifizierung und -struktur, Auftragsdaten mit Informationspotential, Betrachtung des Kundenwertes, Kundenbeziehung im Potential-Portfolio, Kundenbeziehung im Wissensbilanz-Wirkungsgeflecht, im Lifecycle der Kundenbeziehungen, Ausblick. Kundenorientierung wird für das Unternehmen immer mehr zum zentralen Strategiethema. Nur etwa 4 Prozent der unzufriedenen Kunden beschweren sich, aber alle unzufriedenen Kunden sprechen -in einem für das Unternehmen unter Umständen fatalen Schneeballeffekt- mit zehn bis fünfzehn anderen aktiven oder potentiellen Kunden über ihre Unzufriedenheit. Aufgrund immer komplizierterer Organisationsstrukturen und -abläufe richten viele Unternehmen ihren Blick zu sehr nach innen. Immer weniger Mitarbeiter kommen noch in einen direkten Kundenkontakt. Anforderungen und Bedürfnisse von Kunden sind nicht mehr aus eigener Erfahrung, sondern nur noch in sehr vagen Vorstellungen präsent. Sie setzen sich damit der großen Gefahr aus, dass der Kunde immer ferner rückt und in seiner Anonymität immer fremder wird.

In vielen Fällen werfen die Geschäfte mit bereits existierenden Kunden den höchsten Gewinn ab. An kaum einer anderen Stelle finden sich ähnlich hohe Gewinnpotentiale im Vergleich zu denen beim Ausbau des Geschäfts mit den eigenen Kunden. Neben den Erlöspotentialen der bestehenden Kundenbasis spielt insbesondere auch das Kostenverhältnis im Vergleich Kundengewinnung zu Kundenbindung eine Rolle: für die Gewinnung neuer Kunden liegen die Akquisitionskosten zu Beginn fast immer über den aus dieser Kundenbildung zu erzielenden Gewinnen. Erst im Laufe der Geschäftsbeziehung erhöht sich der individuelle Kunden-Deckungsbeitrag. Eine Erklärung hierfür liegt darin, dass man bei Kunden, die man kennt, die kundenspezifischen Kosten eher auf dem Niveau anpassen kann, das sich aus dem individuellen Anforderungsprofil des Kunden ergibt. Bei unbekannten Kunden erfolgt im Gegensatz hierzu aus Sicherheitsgründen oftmals ein „overselling": vielleicht werden Leistungen erbracht, die gar nicht unbedingt notwendig sind.

Kundenorientierung als zentraler Orientierungspunkt: Voraussetzung für das Entstehen von Kundenzufriedenheit ist, dass die Erfahrungen nach dem Kauf die Erwartungen vor dem Kauf übertreffen. Nicht zuletzt geht es dabei auch um die Frage, wie sich ein Produkt durch Funktionen, Ausstattungsmerkmale oder Serviceleistungen so anreichern lässt, dass dafür vom Kunden auch höhere Preise als für vergleichbare Produkte akzeptiert werden. Aber immer ist nur der Kunde mit seinen Wünschen, Bedürfnissen, Anforderungen, Wertvorstellungen, Verhaltensweisen etc. der eigentliche Adressat für den Kern der Unternehmensleistung. Zwischen Zufriedenheit und Wiederkaufrate gibt es einen engen Zusammenhang. Das Referenz- und Stammkundenpotential des Unternehmens korreliert direkt mit der Kundenzufriedenheit: Detailanalysen belegen, dass ein gutes Beschwerdemanagement sowohl die Kundenzufriedenheitswerte erhöht als auch die Kundenbindung verstärkt. D.h. hohe Beschwerdezufriedenheit kann eine überdurchschnittlich hohe Kundenloyalität generieren. Je geringer die Unterscheidungsmerkmale eines Produktes im Markt sind, desto mehr verlagert sich der Kaufentscheid des Kunden auf die mit dem Produkt und der Betreuung nach dem Kauf gemachten Erfahrungen.

Gerade in den für einen nachhaltigen Markterfolg wichtigen Nachkaufphasen durch Ausbau-, Zusatz- oder Wiederverkäufe spielt der Faktor Kundenzufriedenheit die entscheidende Rolle. Kunden geben dabei meist nicht gerne einen „Feedback" über den Grad ihrer Zufriedenheit, denn das bedeutet Arbeit. Ihr Unmut äußert sich auch nicht meist sofort, sondern eher „schleichend". Wenn sich der Kunde dann schließlich erst einmal der Konkurrenz zuwendet, ist es für korrigierende Maßnahmen seitens des Anbieters bereits zu spät. Es kommt also darauf an, möglichst frühzeitig und genau den Grund der Zufriedenheit wie auch der Unzufriedenheit erfassen zu können. Zufriedenheit ist nicht immer gleich Zufriedenheit. Zufriedenheit ist auch keine

100-Prozent-Garantie dafür, dass der Kunde in jedem Fall an der Geschäftsbeziehung festhalten wird.

Übersehen darf man beispielsweise nicht den Wunsch nach Abwechslung, die Neugier und auch die Langeweile. Aktionen der Wettbewerber können auch bei vermeintlich zufriedenen Kunden einen Wechsel der Präferenzen bewirken. Kunden mit einem Bedürfnis nach Abwechslung lassen sich über bestimmte sozialdemographische Merkmale beschreiben. Für das Unternehmen besteht die Chance, den Wechslern Möglichkeiten innerhalb des eigenen Sortiments zu offerieren. Es kommt also darauf an, möglichst frühzeitig und genau den Grund der Zufriedenheit wie auch der Unzufriedenheit erfassen zu können. Die allgemeine Kaufkraft kann vereinfacht als die Summe aller Nettoeinkünfte pro Region bezeichnet werden. Damit ist sie der wichtigste Indikator für das Konsumpotential der dort lebenden Wohnbevölkerung. Basis für die Berechnung der Kaufkraft sind Ergebnisse der amtlichen Lohn- und Einkommensteuerstatistik, die in regelmäßigen Abständen von den Statistischen Landesämtern veröffentlicht wird. Die Anwendung der Kaufkraftkennziffern erfolgt im wesentlichen für die Standortforschung, Kontrolle der regionalen Potentialausschöpfung, Vertriebsplanung, Marktreservenanalyse oder Umsatzplanung.

Die Kaufkraft ist die wichtigste Kennziffer zur regionalen Potentialbestimmung: sie alleine sichert noch keinen Markterfolg, aber ohne Kaufkraft sind alle Marketingmaßnahmen umsonst

Der Umsatz mit höherwertigen Verbrauchs- und Gebrauchsgütern sowie mit Reisen und Dienstleistungen, Immobilien, die Nutzung von Freizeitangeboten, der Kauf von Neuwagen etc. sind unmittelbar abhängig von der Höhe der Kaufkraft. Deshalb eignet sich die Kaufkraft zur regionalen Potentialberechnung für alle Unternehmen, die direkt oder indirekt an den Endverbraucher verkaufen. Durchschnittliche Pro-Kopf-Umsätze lassen sich mit der Bevölkerungszahl multiplizieren und mit der Kaufkraft gewichten, Verkaufsgebiete lassen sich hinsichtlich unterschiedlicher Absatzchancen besser vergleichen. Weiter lassen sich lohnende Zielgebiete für verstärktes Marketing festlegen und die Werbe-Belegung von Medien besser planen: d.h. die Ressourcen des Unternehmens können in Gebiete mit hoher Umsatzerwartung gelenkt werden. Grundsätzlich ist bei der Verwendung von Kaufkraftkennziffern als Indikatoren zu prüfen, ob der Absatz eines Produktes oder einer Dienstleistung auch tatsächlich primär vom verfügbaren Einkommen der Wohnbevölkerung abhängt. Gegebenenfalls sind noch weitere Einflussfaktoren zu berücksichtigen.

Kalkulation des kritischen Preises:

Marktvolumen/Periode:	27.500	
eigener Marktanteil in %:	8,0%	Wie hoch muss der kritische VK-Preis bei einer ge-
VK-Preis in Euro/Stck.:	25,46	planten Absatzmenge von 2.200 Stück sein ?
Investition:	48.100	
variable Kosten in Euro/Stck.:	12,35	
zusätzl. Mietkosten/Periode:	8.950	
zusätzl. Personalkosten/Periode:	12.350	

Periode	Ein-nahmen	Ausga-ben	Netto-	Abz.-Faktor	Barwert
(Jahr)	lfd.	lfd.	Geldfluss	i=9%	
0	0	-48.100	-48.100	1,000	-48.100
1	56.012	-48.470	7.542	0,917	6.916
2	56.012	-48.470	7.542	0,842	6.350
3	56.012	-48.470	7.542	0,772	5.822
4	56.012	-48.470	7.542	0,708	5.340
5	56.012	-48.470	7.542	0,650	4.902
6	56.012	-48.470	7.542	0,596	4.495
7	56.012	-48.470	7.542	0,547	4.125
8	56.012	-48.470	7.542	0,502	3.786
9	56.012	-48.470	7.542	0,460	3.469
10	56.012	-48.470	7.542	0,422	3.183
				Kapitalwert:	289

Je weiter die geplante von der kritischen Absatzmenge oder der vorgesehene (durchsetzbare) von dem kritischen Verkaufspreis entfernt ist, desto sicherer ist die Investition hinsichtlich dieses Inputfaktors. Bei einem geplanten Marktanteil von 8,0 %, d.h. 2.200 Stück wurde ein Kapitalwert von 42.494 Euro errechnet. Um das Risiko besser einschätzen zu können, möchte die Geschäftsleitung daher zusätzlich wissen, welche Kapitalwerte sich ergeben würden, wenn diese geplante Absatzmenge nicht erreicht würde, beispielsweise anstatt von 2.200 Stück jeweils nur 2.145, 2.090, 2.035, 1.980, 1.925, 1.870, 1.815 oder 1.760 Stück:

geplant:		ergibt:
Marktanteil	Stück	Kapitalwert
8,0%	2.200	42.494
7,8%	2.145	36.813
7,6%	2.090	31.131
7,4%	2.035	25.450
7,2%	1.980	19.768
7,0%	1.925	14.087
6,8%	1.870	8.406
6,6%	1.815	2.724
6,4%	1.760	-2.957

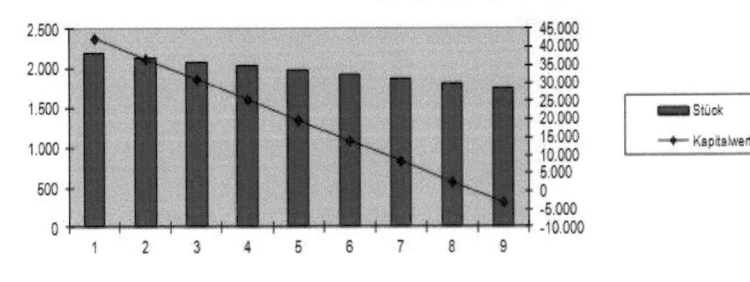

In vielen Fällen empfiehlt sich die Berechnung einer speziellen Absatzkennziffer. Bei der einzelhandelsrelevanten Kaufkraft werden alle Ausgaben, die nicht in den stationären Einzelhandel fließen (z.b. Mieten, Versicherungen, Autokosten, Heizung, Reisen usw.) aus der Kaufkraft heraus gerechnet. Damit ist die einzelhandelsrelevante Kaufkraft vor allem relevant als Potentialausgabe für den stationären Einzelhandel mit Konsumartikeln. Sie kommt vor allem bei Einzugsgebietsanalysen oder Standortplanung im Einzelhandel zum Einsatz. Umsatzkennziffern eignen sich sehr gut zur Beurteilung von innerstädtischen Standorten und zur Absatzplanung industrieller Hersteller und Großhändler, die an den stationären Einzelhandel verkaufen. Aus dem Vergleich zwischen Kaufkraftkennziffer oder spezieller Absatzkennziffer und dem Firmenumsatz errechnet sich der Marktanteilskoeffizient. Dieser Marktanteilskoeffizient dient der Aufdeckung von regionalen Schwachstellen in der Verkaufsleistung: bei Wert > 1 wurde das Potential überdurchschnittlich, bei Wert < 1 unterdurchschnittlich ausgeschöpft. Ein Wert von 1,18 sagt aus, dass die Potentialausschöpfung in einem Verkaufsgebiet 18 % über dem Durchschnitt des Gesamtgebietes liegt. Im Hinblick auf die Umsatzplanung für die nahe Zukunft empfiehlt es sich, den z.B. für das kommende Geschäftsjahr geplanten Gesamtumsatz mit Hilfe der Kaufkraft-/ Absatzkennziffer auf einzelne Verkaufsbezirke umzulegen.

Oder: die Geschäftsleitung möchte weiterhin wissen, welche Kapitalwerte sich ergeben würden, wenn der vorgesehene VK-Preis von 28,45 Euro/Stück aufgrund eines zu starken Wettbewerbs nicht gehalten werden könnte und anstatt dessen bei-spielsweise nur 28,00 Euro/Stck, 27,50 Euro/Stck., 27,00 Euro/Stck., 26,50 Euro/Stck., 26,00 Euro/Stck., 25,50 Euro/Stck. oder 25,00 Euro/Stck. zu erzielen wären:

vorgesehen: VK-Preis	ergibt: Kapitalwert
28,45	42.494
28,00	36.142
27,50	29.084
27,00	22.027
26,50	14.969
26,00	7.912
25,50	854
25,00	-6.204

Aus Marktinformationen eine profitable Kundenbeziehung entwickeln oder mit welchen Planungs- und Steuerungsinstrumenten kann die Vertriebs-Performance verbessert werden?

Kunden kennen und verstehen: es geht darum, das Kundenverhalten nachhaltig zu verstehen, um die Kundengewinnung, Kundenbindung und damit letztlich vor allem die Kundenrentabilität nachhaltig zu verbessern. In der heutigen Marktsituation ist es unerlässlich geworden, durch eine systematische Datensammlung zu allen Transaktionen die den Kontakt eines Kunden mit dem Unternehmen repräsentieren, das Wissen und Verstehen grundlegend zu verbessern, um darauf basierend durchdachte Strategien und Maßnahmen definieren zu können, die der Erwartungshaltung dieser Kundengruppen entsprechen und somit zur dauerhaften Bindung an das Unternehmen beitragen. Der CRM-Bedarf ist in den Märkten am höchsten, in denen die Intensität des Wettbewerbs sehr hoch ist, die Auswahlalternativen für die Kunden groß sind, die Produktdifferenzierungsoptionen beschränkt sind und damit einhergehend die Kundenbindung gering ist. In diesem Kontext kommt besonders der Datenqualität eine große Rolle zu: eine zielkundenspezifische Politik kann nur auf Basis konsistenter und entscheidungsrelevanter Daten funktionieren. Das erfordert von der Entstehung über die Weiterverarbeitung bis hin zur Visualisierung einen datenqualitätssichernden Prozess.

Erkenntnis-Gewinnung (Knowledge Discovery): Analyse von Kundeninformationen zur Identifikation spezifischer Marktchancen und Investitionsstrategien. Die Basis bildet dabei ein Prozess zur Identifikation, Segmentierung und Prognose der Kunden. Diese Phase ermöglicht für die Marketingplanung den Zugriff auf detaillierte Kundeninformationen für die Entscheidungsvorbereitung und -findung.

Marktplanung (Market Planning): Definition spezifischer Kundenangebote, Vertriebskanäle, Lieferprogramme und deren Abhängigkeiten. Die Marktplanung ermöglicht dem Marketing die Entwicklung strategischer Pläne zur Kundenkommunikation. Hierbei können unterschiedliche Typen von Kampagnen, bevorzugte Kommunikationskanäle, Ablaufpläne sowie auslösende Ereignisse bzw. Schwellenwerte festgelegt werden.

Kunden Interaktion (Customer Interaction): hierunter fallen die Ausführung und Verwaltung der geplanten Kommunikation mit Kunden sowie Interessenten. Dabei werden relevante und zeitnahe Mitteilungen bzw. Angebote durch eine Vielzahl von Interaktionskanälen und Front-Office-Anwendungen kommuniziert (inkl. Customer Care, SFA Sales Force Automation u. Interactive Applications).

Analyse und Verbesserung (Analysis and Refinement): der Prozess vom kontinuierlichen Lernen aus den Kundendialogen durch konsequente Datenanalyse. Customer Relation Management ist der unternehmensweit praktizierte Ansatz, das Kaufverhalten durch kontinuierliche Interaktion nachhaltig zu verstehen und zu beeinflussen, mit dem Ziel: Kundengewinnung,

Kundenbindung und Kundenrentabilität nachhaltig verbessern. Die Segmentierung eines Zielmarktes, d.h. die genaue Definition und Abgrenzung des marktlichen Aktionsfeldes gehören damit zu den mit am wichtigsten Planungsobjekten.

Stärke negativ: -3= eher stark negative Wirkung, -2= negative Wirkung, -1= eher schwach negative Wirkung							
Stärke 0 = keine Wirkung							
Stärke positiv: +1= eher schwach positive Wirkung, +2= positive Wirkung, +3= eher stark positive Wirkung							
Zeitdauer bis Wirkung eintritt: 1= sofort/kurzfristig, 2=mittelfristig 12-24 Monate, 3=langfristig >24 Monate							
51	Stärken-Schwächen-Relation	beeinflusst (aktiv):	Reifegrad Gründer-Konzept	mit Stärke:	1	mit Zeitdauer:	1
52	Stärken-Schwächen-Relation	beeinflusst (aktiv):	Kapitalbedarf	mit Stärke:	2	mit Zeitdauer:	3
53	Stärken-Schwächen-Relation	beeinflusst (aktiv):	Standortanalyse	mit Stärke:	3	mit Zeitdauer:	3
54	Stärken-Schwächen-Relation	beeinflusst (aktiv):	Marktattraktivität	mit Stärke:	2	mit Zeitdauer:	3
55	Stärken-Schwächen-Relation	beeinflusst (aktiv):	Chance-Risiko-Relation	mit Stärke:	0	mit Zeitdauer:	3
56	Stärken-Schwächen-Relation	beeinflusst (aktiv):	Wille zum Erfolg	mit Stärke:	2	mit Zeitdauer:	3
57	Stärken-Schwächen-Relation	beeinflusst (aktiv):	Geschätztes Umsatzvolumen	mit Stärke:	2	mit Zeitdauer:	3
58	Stärken-Schwächen-Relation	beeinflusst (aktiv):	Verhandlungsgeschick	mit Stärke:	1	mit Zeitdauer:	3
59	Stärken-Schwächen-Relation	beeinflusst (aktiv):	Knowhow	mit Stärke:	3	mit Zeitdauer:	3
			Wirkungsstärke auf Gesamtsystem		16	im Durchschnitt:	2,8

Stärken-Schwächen-Relation

beeinflusst aktiv

andere Faktoren

mit einer Wirkungsstärke

von:

Komparative Konkurrenzvorteile: mit welchen Planungs- und Steuerungsinstrumenten kann die Vertriebs-Performance verbessert werden? Der Planungsprozess beginnt mit der Analyse der aktuell zur Verfügung stehenden Ist-Informationen. Dies ist im Rahmen der Vertriebsplanung eine Bestandsaufnahme der aktuellen Kundenstruktur, der Produktpositionierung, der Marktdaten und der eigenen Vertriebspotentiale. Aus diesen Informationen können unter Einbeziehung der geschäftspolitischen Visionen und Ziele strategische Vertriebsziele entwickelt werden. Diese sind anschließend in die operative Vertriebsplanung umzusetzen. Mit dem Instrumentarium der Vertriebsplanung soll der Verkauf unterstützt werden, um Trends frühzeitig zu erkennen, Produkte wettbewerbsgerecht zu positionieren, hohe Rentabilität und Deckungsbeiträge zu sichern sowie Erfolgs- und Gewinnpotentiale für die Zukunft aufzubauen.

Darüber hinaus bilden Daten und Informationen aus dem Vertriebscontrolling die Basis für die strategische Ausrichtung des Gesamtunternehmens und durch Aufzeigen interessanter Märkte und Geschäftsfelder. Die Vertriebsplanung trägt dazu bei, u.a. Fragen zu beantworten wie: wie werden die Leistungen des Unternehmens vom Markt abgenommen? welche Vertriebsressourcen werden hierfür gebraucht sowie welche Vertriebspotentiale sind hierfür ausschlaggebend? mit welchen Planungs- und Steuerungsinstrumenten kann die Vertriebs-Performance verbessert werden? welche Handlungsspielräume bestehen für innovative Marktbearbeitungsformen und Kundenbetreuungskonzepte? welche Vertriebsinformationssysteme werden für die kundenorientierte Marktsteuerung und -bearbeitung benötigt? Es geht um: ein modernes Märchen der Erleuchtung, Marktanteil sinkt drastisch, Verkäufer schlecht?, Preis zu hoch?, brauchen wir mehr Verkäufer?, Finanzchef blockt ab, Stillstand = Rückschritt!, wir denken zu wenig in Märkten, die Konkurrenz schläft nicht, wer sind unsere Kunden?, Marketinglösung, neue Ideen für die Entwicklung, Vertrieb ist begeistert, Schulterschluss in Richtung Markt, abteilungsübergreifendes Handeln, KKV = Die Lösung.

Wissens-, Personal-, Standortbilanz im Hintergrund: auf den ersten Blick mögen diese drei Bilanztypen nichts oder wenig miteinander zu schaffen haben. Trotzdem gibt es als starke Klammer einen gemeinsamen Nenner: In einer Welt der angeblich so harten Wirtschaftsfakten mit ihrer Scheingenauigkeit von Nachkommastellen richten sie ihr Augenmerk verstärkt auf sogenannte „weiche" Faktoren. In vielen Entscheidungssituationen sind es nämliche gerade solche, die nicht nur das Salz in der Suppe, sondern ganz wesentliche Entscheidungskriterien ausmachen. Es geht um Entscheiderfaktoren zur Krisenvorsorge, d.h. Risiken, Wahrscheinlichkeiten, Eigenschaften. In einem Beispiel sollen folgende, als relevant angesehene Wissensfaktoren bereits vorab identifiziert, beschrieben und anschließend zu Clustern geordnet werden:

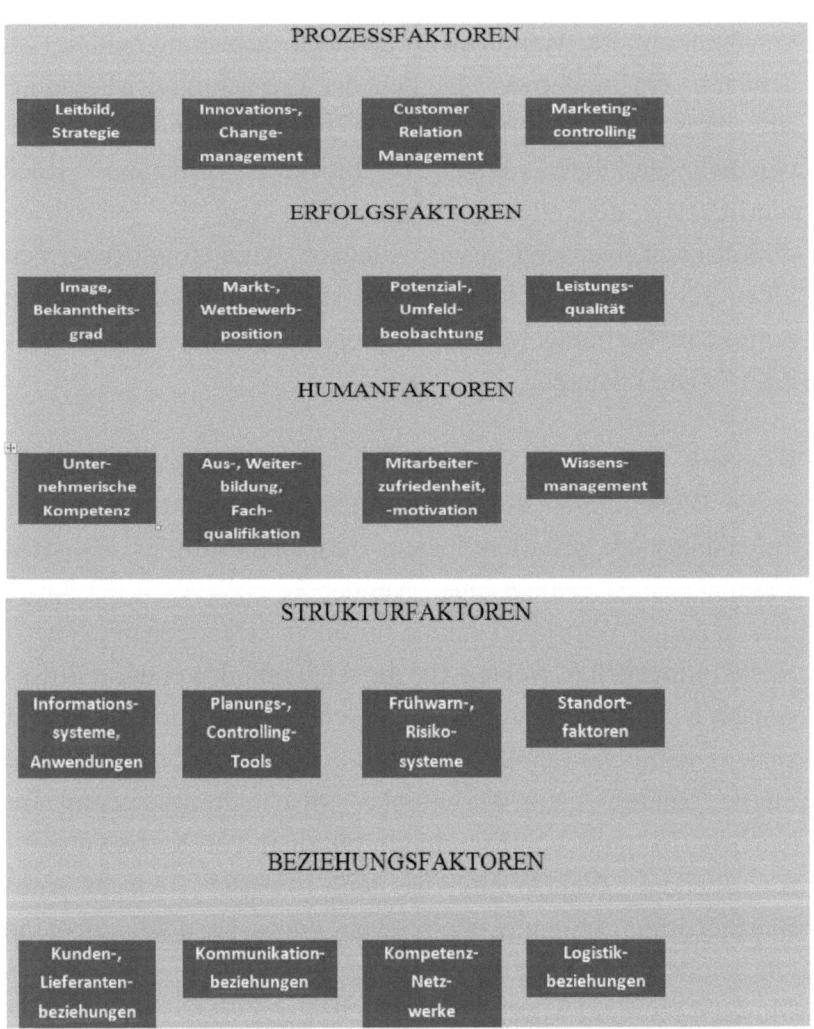

Alle Cluster bzw. Wissensfaktoren durchlaufen einen Bewertungsprozess. Dabei gilt die Forderung, alle Wissensfaktoren in ihrer Relation zueinander richtig und mit möglichst wirklichkeitsnahen Abständen bzw. Differenzen einzuordnen. Ähnlich einer Bewertung von Eiskunstläufern kommt es vor allem darauf an, durchgängig den gleichen Bewertungsstandards zu folgen. Die absolute Höhe der Bewertungen ist zwar nicht unerheblich, kommt jedoch erst danach an zweiter Stelle. Als Anhaltspunkte werden beispielsweise folgende Bewertungsstufen angenommen:

0 %	Die Quantität/Qualität/Systematik des Wissensfaktors kann nicht sinnvoll ermittelt werden oder ist nicht ausreichend vorhanden
30 %	Die Quantität/Qualität/Systematik des Wissensfaktors ist teilweise ausreichend
60 %	Die Quantität/Qualität/Systematik des Wissensfaktors ist meistens ausreichend
90 %	Die Quantität/Qualität/Systematik des Wissensfaktors ist immer (absolut) ausreichend
120 %	Die Quantität/Qualität/Systematik des Wissensfaktors ist besser oder höher als erforderlich.

Auf Grundlage dieser Stufung werden Bewertungsergebnisse in Ampel-Diagramme umgesetzt um damit eine möglichst gute Übersichtlichkeit herzustellen. Bereits auf einen ersten Blick sollte auch für Außenstehende sichtbar werden, was von einem bestimmten Wissensfaktor zu halten wäre. Somit könnten die Ampeln nach folgendem Muster geschaltet werden: 0 – 30 % = roter Bereich, größer 30 % - 60 % = gelber Bereich, größer 60 % - 90 oder 100 % = grüner Bereich, darüber liegend = roter Bereich. Um zu einseitige oder nur auf einen einzigen Aspekt verengte Rückschlüsse zu vermeiden, können alle diese Ampelphasen aus drei unterschiedlichen Blickrichtungen heraus, nämlich dem der Quantität oder Qualität oder Systematik, geschaltet werden.

Wissen maßgenau in Entscheidungsprozesse umsetzen: vor der Wissensanwendung steht immer erst der notwendige Wissenserwerb. Aufgrund der Verschiebung vom Fakten- zum Zugriffswissen sowie vom Oberflächen- zum Konzeptwissen reicht die reine Wissensvermittlung auf Vorrat heute bei weitem nicht mehr aus. Potenzielle Stärken lassen sich gezielter entwickeln, indem das vorhandene Wissen und die Ideen der Mitarbeiter schneller und effizienter in Entscheidungsprozesse umgesetzt werden. Erfahrungen zum Wissensmanagement zeigen, dass der Erfolg zu 80 Prozent von den sogenannten „soft factors", d.h. Unternehmenskultur, den gelebten Werten und Normen der Organisation abhängig ist und nur zu etwa 20 Prozent von den genutzten Informations- und Kommunikationstechniken. Der Unternehmenserfolg hängt somit gerade davon ab, wie effizient Entscheider ihren Rohstoff Wissen nutzen können.

Die Zukunft liegt im Rohstoff Wissen !!

Gegenüber dem Management klassischer Produktionsfaktoren hat das Management des Wissens seine Zukunft noch vor sich.

Wissen manifestiert sich sowohl in internen Kommunikationsnetzwerken, dem „Unternehmensgedächtnis", als auch im Verbund mit externen Kooperationspartnern. Es wird immer mehr darauf ankommen, dass man wissensgestützte Produkte und Dienstleistungen nutzt, denn der Marktwert heutiger Produkte und Dienstleistungen basiert zu einem immer größeren Teil auf deren Informationsgehalt. Dabei werden verschiedene Entwicklungsstufen durchlaufen: von der Daten- über die Informations- bis hin zur höchsten Wissensstufe. Den Wert eines Unternehmens ermittelt man immer mehr dadurch, indem man auf das Verhältnis von Daten, Informationen und Wissen schaut. Unternehmen, die sich „informationalisieren" können, werden besser dastehen als solche, die dies nicht können. Wenn sie darüber hinaus vorhandene Wissensbestände zu nutzen wissen, werden sie sogar noch stärker und wertvoller sein als die, die nur auf Informationen basieren. Wissensmanagement erfordert auf der Entscheidungsebene die Bewertung von zirkulierenden Informationen. Im Vergleich zu gut strukturierten Daten werden Wissen und Erfahrungen von Mitarbeitern in der Regel nicht explizit dargestellt. Genau diese Informationen sind aber für den Entscheidungserfolg von Bedeutung. Schwach strukturierte Prozesse, deren Ablauf nicht genau vorhersehbar ist, werden meist nur einmal in der gleichen Form durchgeführt.. Während im gesamten Aus- und Weiterbildungsbereich die Vermittlung von Wissen und kognitiven Fähigkeiten im Vordergrund stehen, werden bei der praktischen Umsetzung dieses erlernten Wissens in Entscheidungen auch persönliche, soziale und kommunikative Kompetenz benötigt. Alle Stufen der Entscheidungsfindung sollten daher verstärkt auf diese „softfacts" eingehen.

Die neue Art der Zusammenarbeit ist interdisziplinär aufgestellt, die Informationstechnik ist selbst ein wertstiftender Teil der Wertschöpfungskette und steht für den Austausch von Erkenntnissen und Wissen

Transformationsprozesse zwischen Marktdynamik und Regulierung aktiv angehen: die Wirtschaft steht angesichts der Unsicherheit über die Folgen eines zunehmenden Protektionismus, technologischer Umbrüche oder einer steigenden Bedeutung postmaterialistischer Werte vor großen Herausforderungen. Solche Veränderungen verlangen nach zeitnahen Anpassungsprozessen: Schnelligkeit und die Fähigkeit zur Selbsterneuerung entscheiden oft über Erfolg oder Misserfolg. Es gilt, durch vorausschauendes Management Veränderungen frühzeitig wahrzunehmen und aktiv anzugehen. Erforderlich hierfür sind eine fundierte Identifikation aller hierbei wirkungsrelevanten Einflussfaktoren sowie eine detaillierte Kenntnis über deren Auswirkungen. Zum Thema Innovation rücken zunehmend Kooperationen auch mit wissenschaftlichen Partnern sowie strategischen Beteiligungen an Startups in das Blickfeld. Es gilt, Ideen schneller in Innovationen umzusetzen. Dabei müssen speziell in der chemischen und pharmazeutischen Industrie neue Produkte und Verfahren vielfältige Anzeige-, Zulassungs- und Genehmigungsprozesse durchlaufen und strenge Vorschriften erfüllen. Bezüglich der Rahmenbedingungen ist wichtig, ökologische, soziale und wirtschaftliche Aspekte ausgewogen auszubalancieren. Nachhaltiges Wirtschaften muss im Bewusstsein verstärkt verankert werden. Und zwar unterstützt durch ein besseres Verständnis der Zusammenhänge zwischen finanziellen und nichtfinanziellen Themen.

Auf dem Weg zu sich immer weiter digitalisieren Fabriken haben wir es zum ersten Mal mit der Tatsache zu tun, dass sich innerhalb eines Berufslebens der Arbeitsinhalt völlig ändern kann: einfache Arbeiten werden wegfallen, dafür wird der Bedarf an anspruchsvollen Tätigkeiten steigen. Mitarbeiter müssen viel stärker ganze Systeme überschauen und sowohl wertschöpfende als auch planende und steuernde Tätigkeiten leisten können: Techniker brauchen zusätzliche kaufmännische Kenntnisse und Kaufleute umgekehrt Einsichten in technische Abläufe. Das sich die Veränderungsgeschwindigkeit voraussichtlich noch weiter erhöhen dürfte, ist es notwendig, sich rechtzeitig über zu ergreifende Maßnahmen Gewissheit zu verschaffen. Dies betrifft vor allem die Entwicklung neuer Methoden zur Modellierung von Wissen (wobei man nicht nur auf vergangene Daten und Erfahrungen zurückgreifen kann). Grundsätzlich stellt die digitale Transformation hohe Herausforderung an die Veränderungsbereitschaft und -fähigkeit. Erfolgsbestimmend ist das Umdenken von getrennten Aufgabenbereichen hin zu interdisziplinären Gemeinschaften (mit gleichen Zielen und gleichen Werten).

Dort wo sich eine Organisation vom Wettbewerb differenzieren oder innovativ sein möchte, muss die IT genauso flexibel sein wie das Business. Im Vergleich zur klassischen Art der Zusammenarbeit (Strukturen, in denen die Aufgaben über ihre Arbeitsschritte strikt voneinander getrennt sind) ist die neue Art der

Zusammenarbeit interdisziplinär aufgestellt. Dabei ist die IT aus der Rolle einer Unterstützerin heraus gewachsen und hat sich selbst zu einem wertstiftenden Teil der Wertschöpfungskette entwickelt. „Sharing" steht für den Austausch von Erkenntnissen und Wissen: durch die Suche nach Mitstreitern mit ähnlichen Bedürfnissen in der gesamten Organisation können neue Möglichkeiten der Zusammenarbeit entwickelt werden. Dabei müssen alle Optimierungen immer eine ganzheitliche Verbesserung bewirken und dürfen ein Problem nicht an einen nachgelagerten Arbeitsschritt weiterreichen (so sollen Verschlechterungen vermieden werden). Mitarbeiter benötigen hierbei Freiraum zum Experimentieren. Kontinuierliches Experimentieren und Lernen aus Fehlern helfen dabei, die Stabilität des Gesamtsystems gegenüber Änderungen zu steigern. Visualisierung unterstützt einen transparenten Informationsaustausch zwischen allen Beteiligten (neben der Darstellung von Zielen, Abläufen und Ergebnissen eignen sich Visualisierungsinstrumenten auch für die Offenlegung von möglichen Problemen).

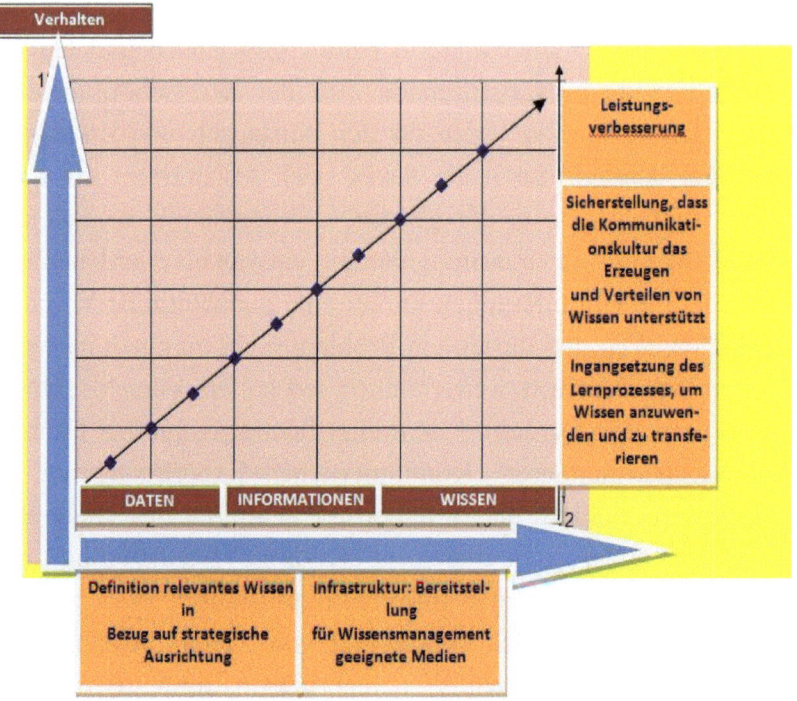

Zwischen Informationsproduzenten und -konsumenten werden neue Interaktionsformen realisiert. Es geht um die Lösung der Fragen: wie können Unternehmen mit der Dynamik des sie umgebenden Umfeldes mithalten? aus welchen individuellen und kollektiven Wissensbeständen setzt sich die Wissensbasis zusammen, auf die ein Unternehmen bei Entscheidungen zurückgreifen kann? besitzen die Mitarbeiter die notwendigen Fähigkeiten, um das vorhandene Informationsangebot produktiv nutzen zu können? Wissen und Erfahrungen sind an Personen gebunden und daher können nur die Knowhow-Träger selbst diese

Potenziale erschließen. Die Halbwertzeit des Wissens sinkt dramatisch ab: d.h. ohne regelmäßiges Aktualisieren könnte wertvolles Knowhow in kürzester Zeit für wichtige Entscheidungsprozesse nur noch die Hälfte wert sein.

Entscheidungsprozesse folgen Personalfaktoren: Entscheidungsprozesse ruhen auf einem komplizierten und manchmal schwer durchschaubarem Gerüst von Personalfaktoren. Neben messbaren Personalfaktoren gibt es viele andere, sogenannte „weiche" Faktoren, die für den Erfolg einer Entscheidung ausschlaggebend sein können. Die Grenzlinien zwischen beiden Faktorenqualitäten verlaufen nicht immer eindeutig. Ein sogenannter wichtiger „Hauptfaktor" muss diese Einordnung nicht für alle denkbaren Situationen beibehalten. D.h. je nach Sachlage können „Hauptfaktoren" und scheinbar unwichtige „Nebenfaktoren" ihre Wertigkeitsposition auch tauschen. Ein Personalfaktor ist nicht schon allein deshalb wichtig, weil er gemessen werden kann. Umgekehrt ist ein Personalfaktor nicht schon deshalb weniger bedeutsam, weil über ihn keine exakten Bestimmungen vorliegen. Auch für die sogenannten „weichen" Faktoren gilt: sie sind weit häufiger auch nachvollziehbar quantifizierbar als üblicherweise angenommen. In einem zunehmend dynamischer und wettbewerbsintensiver agierenden Umfeld nimmt die relative Bedeutung der „weichen" Faktoren gegenüber den üblicherweise gemessenen harten Faktoren weiter zu. Als Beispiel wird nachfolgend eine Reihe solcher möglichen Personalfaktoren angeführt:

IT-Spezialkenntnisse	Problemlösungsfähigkeit
Engagement	Teamfähigkeit
Eigenverantwortung	IT-Anwendungen
Erfolgsorientierung	Projektmanagement
Kundenorientierung	Umgangsformen, Auftreten
Mobilität	Gewinnendes Wesen
Branchenwissen	Verhandlungsgeschick
Marktkenntnis	Kreativität
Konzeptionsstärke	Führungskompetenz
Belastbarkeit	Sozialkompetenz
Natürliche Autorität	Durchsetzungsvermögen
Umsetzungsfähigkeit	Motivationskraft
Eigeninitiative	Selbstdisziplin
Technologiekompetenz	Unabhängigkeit
Allgemeinwissen	Loyalität
Studium	Didaktische Fähigkeiten
Fremdsprachenkenntnisse	Ausdrucksstärke
Branchenerfahrung	Anpassungsfähigkeit
Führungsstärke	Innovationsfähigkeit

Kommunikationsfähigkeit	Erfolgswillen
Koordinationsfähigkeit	Kenntnis von Landeskulturen
Organisationsgeschick	Sprachgewandtheit
Verantwortungsbewusstsein	Strategiewissen
Zuverlässigkeit	Generalist
Entscheidungsstärke	Gesellschaftliches Engagement
Kontaktfreude	Interdisziplinäres Arbeiten
Fachkompetenz	Stilsicherer Ausdruck
Publikationen	Akquisitionsstärke
Management-Reporting	Kooperationsfähigkeit
Fachfertigkeiten	Selbständiges Arbeiten
Einsatzfreude, -bereitschaft	Glaubwürdigkeit
Wissen	Überzeugungsstärke
Umgangsformen	Ausgeglichenheit
Zielorientierung	Effizienz
Weiterbildungsbereitschaft	Persönliche Integrität
Marketing Know-how	Ergebnisverantwortung
Vertriebsstärke	Führungsverantwortung
Praxisbezogenheit	Repräsentationsfähigkeit
Kollegialität	Moderationsfähigkeit
Hilfsbereitschaft	Aufgeschlossenheit, Offenheit
Beratungsstärke	Branchenkenntnisse

Wirkungsstärken von Personalfaktoren: allein die Tatsache, sich einmal detailliert mit bei Entscheidungen in Frage kommenden Personalfaktoren auseinanderzusetzen, vermag zu Erkenntnisgewinnen und neuen Einsichten verhelfen. Beispielsweise die Fragen: was ist überhaupt ein Personalfaktor? was zeichnet einen Personalfaktor aus? welche Merkmale müssen gegeben sein, um von einem entscheidungsrelevanten Personalfaktor zu sprechen? wo liegen wesentliche Unterschiede zwischen Personalfaktoren? welche Gemeinsamkeiten gibt es zwischen einzelnen Personalfaktoren? warum gibt es so viele unterschiedliche Meinungen und Auffassungen zu Personalfaktoren? können Personalfaktoren gemessen werden? welche Personalfaktoren sind wichtig oder unwichtig? gelten Personalfaktoren immer für alle Entscheidungen oder gibt es Faktoren für eine Entscheidung, die es bei einer anderen nicht gibt? können sich Personalfaktoren gegenseitig beeinflussen? können zwischen Personalfaktoren auch negative Wirkungsbeziehungen auftreten? wie groß ist die Anpassungsfähigkeit und -geschwindigkeit von Personalfaktoren auf sich ändernde Umfeldbedingungen? gibt es Unterschiede zwischen „harten" und „weichen" Personalfaktoren?

Alle diese Fragen sind es wert, sich einmal detailliert und intensiv mit ihnen zu beschäftigen. Noch tiefer reicht die Frage nach den im Zusammenhang mit Entscheidungen richtigen Werten. Hiervon kann eine Reihe von Auswertungen abgeleitet werden. Beispielsweise: Wirkungsstärke auf das Gesamtsystem, d.h. für jeden der ausgewählten Einflussfaktoren kann ermittelt werden, wie groß seine Wirkungsstärke auf das Gesamtsystem aller Faktoren ist. Für jeden der ausgewählten Einflussfaktoren kann ermittelt werden, mit welcher durchschnittlichen Zeitdauer zu rechnen wäre, bis die für ihn angenommene Wirkung eintreten würde. Anteil Wirkungsstärke von Gesamt, d.h. für jeden der ausgewählten Einflussfaktoren kann ermittelt werden, welchen Anteil er hinsichtlich seiner aktiven Wirkungsstärke sein Einfluss auf das Gesamtsystem aller Faktoren hat. Zeitdauer als

Abweichung vom Durchschnitt, d.h. für jeden der ausgewählten Einflussfaktoren kann ermittelt werden, wie stark er vom Durchschnitt des Gesamtsystems abweicht hinsichtlich der zu erwartenden Zeitdauer, bis seine jeweilige Wirkung eintritt.

		Wirkungsstärke auf Gesamtsystem	mit durchschnittlicher Zeitdauer	
150	Reifegrad Gründer-Konzept	12	1,8	1=kurzfristig, 2= mittelfristig, 3=langfristig
151	Kapitalbedarf	14	1,4	1=kurzfristig, 2= mittelfristig, 3=langfristig
152	Standortanalyse	16	1,9	1=kurzfristig, 2= mittelfristig, 3=langfristig
153	Marktattraktivität	17	1,4	1=kurzfristig, 2= mittelfristig, 3=langfristig
154	Stärken-Schwächen-Relation	16	2,8	1=kurzfristig, 2= mittelfristig, 3=langfristig
155	Chance-Risiko-Relation	8	2,2	1=kurzfristig, 2= mittelfristig, 3=langfristig
156	Wille zum Erfolg	19	0,8	1=kurzfristig, 2= mittelfristig, 3=langfristig
157	Geschätztes Umsatzvolumen	7	2,8	1=kurzfristig, 2= mittelfristig, 3=langfristig
158	Verhandlungsgeschick	24	2,7	1=kurzfristig, 2= mittelfristig, 3=langfristig
159	Knowhow	12	1,0	1=kurzfristig, 2= mittelfristig, 3=langfristig
	GESAMT	145	2,1	

Bewerbung mit Profil - Geschäftsgrundlage Personalbilanz: Text- und Präsentationsprogrammen sei Dank. Sie verhelfen Bewerbungen mit zugehörigen Unterlagen zu einem ansprechenden Äußeren. Unliebsamer und manchmal unbedachter Nebeneffekt scheint jedoch mehr und mehr die hiermit einhergehende Ähnlichkeit bis hin zur Austauschbarkeit zu sein. Das äußere Erscheinungsbild von Bewerbungsunterlagen wird eher verwechselbar. Per Computer angefertigte Ausdrucke sind so stromlinienförmig aufpoliert, dass sie leicht auch durch engmaschige Netze von Personalentscheidern zu rutschen drohen. Je schwieriger der Arbeitsmarkt ist und je heftiger eine zu besetzende Stelle umworben wird, desto mehr Informationsgehalt wird für sich hierauf beziehende Bewerbungen gefordert. Im wahrsten Sinne des Wortes muss der Bewerber daher daran arbeiten, sein Profil zu schärfen. Es geht um: Wissen als herausragendes Kapital begreifen, warum ausgerechnet eine Personenbilanz bei Bewerbungsproblemen vielleicht helfen könnte, Ausgangslage: Liste des „harten Kerns" der Bewerberfaktoren, Bewerberfaktoren einmal unter mehreren Aspekten betrachten, Clusterbezogene Beurteilungstabellen, Bewerberprofile mit rot-gelb-grünen Ampelsektoren, Verstärkung durch Profil- Portfolios.

Grundlage einer fast jeden Bewerbung ist der Rohstoff „Wissen". Er ist der Kapitalstock des Bewerbers. Die charakteristischen Merkmale eines Bewerbers werden in seinem Intellektuellen Kapital abgebildet. Der kernige Marketingsatz des „Change Knowledge into Cash" findet hier seine Berechtigung. Aus Sicht des Unternehmens bei dem man sich bewerben will ist Wissen nicht nur ein weiterer Produktionsfaktor neben den klassischen Faktoren Arbeit, Kapital, Grund und Boden – es ist vielmehr heutzutage der bedeutendste Produktionsfaktor überhaupt. Der häufig plan- und ziellose Umgang mit Wissen und Fähigkeiten vergeudet Ressourcen und führt zur Demotivation. Der Erfolg hängt auch davon ab, wie effizient Bewerber ihren Rohstoff Wissen zu nutzen wissen.

Zwar können Datenbanken den permanenten Zugriff auf Informationen ermöglichen. Aber Informationen alleine haben weder einen besonderen Wert noch einen Zweck an sich. Sie dienen lediglich als Mittel der Wissenserweiterung. Information und Wissen haben verschiedene Aspekte und dürfen nicht miteinander verwechselt werden: Information muss nicht bereits Wissen sein! Mit dem strategischen Gut „Wissen" muss der Bewerber, will er Erfolg haben, zielgerichtet umgehen. Im Vergleich zu gut strukturierten Daten in den IT-Systemen werden Wissen und Erfahrungen von Personen in der Regel nicht explizit dargestellt. Genau diese Informationen sind aber für den Personalentscheider von Bedeutung. Ihm geht es darum, in Köpfen gespeichertes Wissen für sein Unternehmen verwertbar zu machen. Zu unterscheiden ist zwischen explizitem Wissen, das sich anhand von Regeln abbilden lässt und implizitem Wissen, das sich aus Problemlösungskompetenz und Erfahrungsschatz des Bewerbers zusammensetzt.

Alle fünf Jahre verdoppelt sich das Wissen der Menschheit. Dieser Sachverhalt wird ausgedrückt durch den Begriff der Halbwertzeit des Wissens. Leistungsfähige Unternehmern zeichnen sich dadurch aus, dass sie schnell lernen können: jeder einzelne für sich wie auch im Team. Auch wenn der Bewerber sich bewusst ist, über welches Intellektuelle Kapital er verfügen kann und welchen Wert dieses Kapital gegebenenfalls darzustellen vermag, muss er für die Praxis des Unternehmensalltages einkalkulieren, dass er trotz aller Werthaltigkeit immer wieder auf eine Reihe von Wissensbarrieren stoßen könnte. Umso mehr kommt es darauf an, sowohl proaktiv als auch strategisch zu handeln. Dies bedeutet, den Blick vor allem auf zukünftige Potenziale und Chancen zu richten und nicht immer nur auf meist ohnehin nicht vorhersehbare Ereignisse zu reagieren. Einen Ansatz hierfür könnte das Hinarbeiten auf eine Personalbilanz sein.

Warum ausgerechnet eine Personalbilanz bei Bewerbungsproblemen vielleicht helfen könnte: das Konzept der Personalbilanz soll ja gerade deshalb ins Spiel gebracht werden, weil man beispielsweise vor dem Hintergrund einer Krise versuchen muss, nicht nur die Aufmerksamkeit der mit Bewerbungen rundum eingedeckten Personalentscheider zu wecken, sondern in diesem Kontext auch nach neuen Wegen Ausschau halten sollte. Eine Personalbilanz ist hierfür nicht nur deshalb geeignet, weil mit ihr breit getretene und immer wieder eintönig wiederholte Pfade verlassen werden. Gerade weil eine Personalbilanz noch nicht als allseits gängiger Standardbegriff des Bewerbungsgeschehens vereinnahmt wurde, könnte ein Bewerber damit demonstrieren, dass er die Zeichen des Wandels erkannt und sich für seinen persönlichen Werdegang andere Möglichkeiten vorgenommen hat. Dabei ist die Personalbilanz eine zentrale Studie, die eine ganzheitlich ausgerichtete Standortbestimmung erlaubt.

Die Personalbilanz ist ein Instrument, mit dessen Hilfe der Bewerber eine Schärfung seines Profils (sowohl in der Breite als auch in der Tiefe der Darstellung) im Wettbewerb um anspruchsvolle Stellen bewirken kann. Die Personalbilanz funktioniert als 360-Grad-Radarschirm für verschiedene Beobachtungszwecke und -ebenen, mit dem insbesondere auch „weiche" Bewerberfaktoren umfassend identifiziert, differenziert abgebildet sowie systematisch bewertet werden können. Aus den Ergebnissen der Personalbilanz (beispielsweise einem Potenzial-Portfolio) kann der Bewerber für sich fundierte, abstimmungsfähige Maßnahmen- und Handlungsempfehlungen ableiten. Die Personalbilanz unterstützt die Früherkennung künftiger Chancen und Risiken.

Da eine reine Status-quo-Bewerbung auf Dauer nicht ausreicht, kann diese hinsichtlich künftiger Perspektiven des Bewerbers erweitert werden. Viele Darstellungsmöglichkeiten, wie z.B. Ampel-Diagramme mit rot-gelb-grün-Bereichen für die Bewertung von Bewerberfaktoren, sind einfach verstehbar und können gegenüber Personalentscheidern auch dadurch die Glaubwürdigkeit und Akzeptanz erhöhen. Die Personalbilanz ist auf einer auch in der Wirtschaft gängigen Systematik aufgebaut und kommt daher der Denkweise von potenziellen Arbeitgebern.

entgegen. Es wird ein wirksames Instrument des Bewerbermarketing geschaffen, mit dem aktiv (nicht nur reaktiv) gehandelt und auf möglicherweise für den Bewerber wichtige Entscheidungsträger zugegangen werden kann. Die Personalbilanz kann als breite Kommunikationsplattform für persönliche Entwicklungsmaßnahmen des Bewerbers eingesetzt werden.

Nichts ist so überzeugend wie eine Anschaulichkeit, wie sie in Form von Portfolio-, Ampeldiagramm- und Wirkungsnetz-Darstellungen geboten wird. Dabei werden auch ganzheitliche, strategische Denkweisen gefördert. Die Systematik und logische Strukturierung vonr Personalbilanzen bevorzugt eine Vorgehensweise, mit der Bruchstellen und Widersprüchlichkeiten in der Bewertung und Steuerung von Bewerberfaktoren vermieden werden können. Die Darstellung legt auch die Dynamik der Wirkungsbeziehungen zwischen Einflussfaktoren mit Hebel- und Rückkoppelungseffekten offen (graphische Netzdarstellung). Der für die Erstellung einer Personalbilanz notwendige Aufwand fällt nicht wiederholt an, da einmal erfasste Grundstrukturen bei einer Aktualisierung nur noch ergänzt und fortgeschrieben werden müssen. Auf der Zeitachse können durch den Vergleich fortgeschriebener Bilanzen Entwicklungen und Trends des Bewerbers ablesbar gemacht werden.

		Anteil Wirkungsstärke von Gesamt	Zeitdauer: Abw. von Durchschnitt
160	Reifegrad Gründer-Konzept	8%	-15%
161	Kapitalbedarf	10%	-31%
162	Standortanalyse	11%	-9%
163	Marktattraktivität	12%	-31%
164	Stärken-Schwächen-Relation	11%	33%
165	Chance-Risiko-Relation	6%	7%
166	Wille zum Erfolg	13%	-63%
167	Geschätztes Umsatzvolumen	5%	33%
168	Verhandlungsgeschick	17%	28%
169	Knowhow	8%	-52%

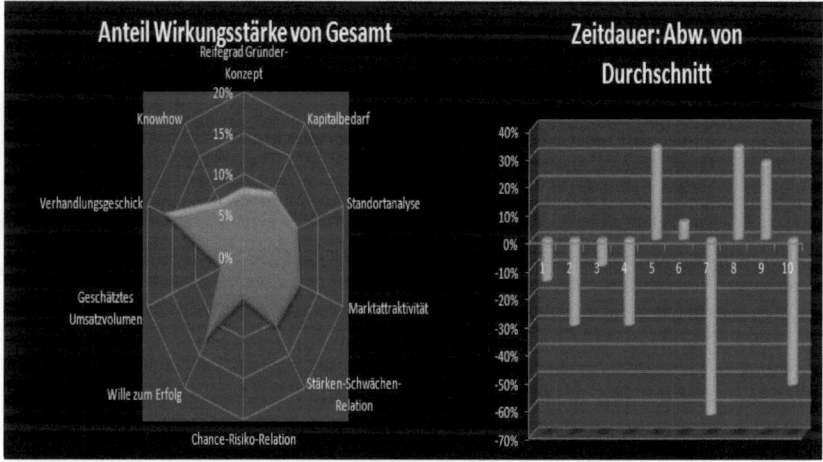

Das Monitoring der Personalbilanz ist ein Gradmesser, der zeigt, wie der Bewerber auf seiner weiteren Wegstrecke vorangekommen ist. Mit Hilfe der Personalbilanz kann nicht nur das „Was-ist", sondern auch das „Was-sein-könnte" (Potenziale, Perspektiven des Bewerbers) verdeutlicht werden. Im Wettbewerb um Stellen spielen „weiche", oft als nicht bewertbar beurteilte Bewerberfaktoren eine immer wichtigere Rolle. Über die Personalbilanz können diese „Intangibles" einer transparent nachvollziehbaren und einheitlich durchgängigen Bewertungssystematik zugeführt werden. Wenn man einen Stellenbewerber umfassend, transparent und nachvollziehbar beurteilen kann, erzielt er dadurch ein größeres Interesse und somit einen höheren Aufmerksamkeitsgrad. Eine Personalbilanz kann aber immer nur so gut sein wie die in sie eingespeisten Strukturen, Bewertungen und Beschreibungen. Mit dem Modell der Personalbilanz erfolgt allerdings bereits ein Griff in die Zukunft. An dieser Stelle können mit der Konzentration auf die Schärfung eines Bewerber-Profils einige Grundlagen gelegt werden. Eines ist bereits im Vorfeld gesichert: die für die Erstellung einer Personalbilanz entwickelte Vorgehenssystematik erzwingt eine intensive Beschäftigung und Auseinandersetzung mit allem, was mit Personalaktoren zusammenhängt. Allein durch die hierbei geleisteten Vorarbeiten fällt ein gesicherter Gewinn an entsprechendem Erkenntniswissen zu.

Eine Standortbilanz verdeutlicht die Bedeutung von Wissenskapital für die Wirtschaftsentwicklung: Bildung macht die Menschen in ihrer Arbeit produktiver und lässt sie neue Ideen ersinnen und anwenden, die Grundlage für Innovationen, technologischen Fortschritt und damit langfristigen Wohlstand

Ergänzend einige Bemerkungen zur Standortbilanz: da Standortentscheidungen auf längere Sicht den Erfolg in allen Lebens- und Berufsbereichen entscheidend mitbestimmen und meist nur nach sehr umfangreichen und komplizierten Analysen getroffen werden können, sollen hier in Anlehnung an zuvor angesprochene Bilanzprinzipien auch mögliche Entscheidungstechniken vor dem Hintergrund von einzubeziehenden Standortfaktoren angesprochen werden. Beispielsweise:

	Standortfaktoren
GP-1	Bilanzierung Standortfaktoren
GP-2	Standort-Entwicklungskonzept, -Leitbild
GP-3	Standort-, City-Marketing
GP-4	Wirtschaftsförderung - Akquisition
GP-5	Wirtschaftsförderung - Bestandspflege
GP-6	Bearbeitung Anrufe, E-Mails, Beschwerden
GP-7	Bearbeitung Baugenehmigungen, Flächenanfragen
GP-8	Abwicklung Auftragsrechnungen, Besprechungstermine
GE-1	Förderungen Mittelstand, Existenzgründungen
GE-2	High-Tech-, Innovationsförderungen
GE-3	Steuern, Gebühren, Abgaben u.a.
GE-4	Attraktivität, Image des Standortes
GE-5	Standortfinanzen, Haushaltslage
GE-6	Management of Change, Reaktionsflexibilität
GE-7	Örtliche Verwaltungsprozesse und -verfahren
GE-8	Umwelt-, Energie-, Wasserwirtschaft

	Standortfaktoren
HK-1	Soziales Umfeld, Sicherheit
HK-2	Kaufkraft, verfügbares Einkommen
HK-3	Wissenskapital des Standortes
HK-4	Arbeitskräftepotenzial
HK-5	Kommunale Kompetenzen
HK-6	Fachqualifikationen
HK-7	Ausbildungsniveau
HK-8	Demographische Struktur
SK-1	Verfügbare Büroflächen, Preise
SK-2	Verfügbare Wohnflächen, Preise
SK-3	Infrastruktur-, Dienstleistungseinrichtungen
SK-4	Gesundheits-, Betreuungseinrichtungen
SK-5	Bildungs-, Kultureinrichtungen
SK-6	Verfügbare Industrieflächen, Preise
SK-7	Gastronomie, Hotels, Touristik
SK-8	Sport-, Freizeiteinrichtungen
BK-1	Kooperationsbeziehungen
BK-2	Standort-Benchmarking
BK-3	Cluster-, Branchenbeziehungen
BK-4	Kongresse, Messen, Tagungen, Internet
BK-5	Beziehungen zwischen Wirtschaft und Wissenschaft
BK-6	Fernstraßen-, Schienen-Anbindung
BK-7	Wasserstraßen-Anbindung
BK-8	Flughafen-Anbindung

Was ist dran an der Theorie zur Bedeutung von Wissens- und Humankapital für den Wohlstand eines Standortes? Ist Bildung immer gleich Bildung? Ein Jahr Bildung in Lateinamerika vermittelt vielleicht ganz unterschiedlich viel Wissen, Kompetenzen und Fertigkeiten als ein Jahr Bildung in Ostasien? „Die Unterschiede sind frappierend: Ostasiatische Schüler sind ihren Altersgenossen in Lateinamerika wissensmäßig um drei Schuljahre voraus, denen in Subsahara-Afrika sogar um vier Schuljahre. Je Bildungsjahr weisen die Menschen in Lateinamerika und Afrika also schlichtweg wesentlich weniger erworbenes Wissen auf als in Ostasien". Bildungsforscher kommen zu dem Schluss: dass sich die unterschiedliche Wirtschaftsentwicklung verschiedener Länder auf die Unterschiede in den Kompetenzen der Menschen zurückführen lässt.

Jeder Standort ist anders und weist ganz spezifische Bedingungen auf, die u.a. von klimatischen, geographischen, politischen und sozio-ökonomischen Bedingungen bestimmt werden. Die natürlichen Standortvorteile (Rohstoffvorräte, Hafennähe), die im Zeitalter der Industrialisierung noch bestimmte Standorte privilegiert hatten, spielen eine immer geringere Rolle, weniger Transportkosten verschaffen vergleichbaren Standorten damit eine relative Chancengleichheit. Unter den Standorten gibt es, heute mehr denn je, Gewinner und Verlierer: an einem Standort Bilder von überfüllten Kindergärten, Schulen, Wohnungen und Büros und leeren an einem anderen Standort. In vielen Fällen entscheidet das Humankapital über Erfolg oder Misserfolg eines Standortes, über die Werthaltigkeit von Gebäuden und Grundstücken. Aufgrund einer Disparität von Standortentwicklungen stehen schrumpfende Standorte auf der anderen Seite wachsenden Regionen gegenüber.

Mit der Gleichzeitigkeit ungleicher Entwicklungen als Folge des wirtschaftlich-strukturellen Wandels steigt auch an vielen Orten die Notwendigkeit von Anpassungen durch einen Standortumbau. Standorte unterliegen einem dynamischen Wandel und Anpassungsdruck: insbesondere der richtige Umgang mit dem verfügbaren Standortkapital als Ressource wird für die Zukunft immer mehr zum entscheidenden Erfolgsfaktor. D.h.: die vorhandenen Ressourcen müssen auf den Ausbau und die Weiterentwicklung des Standortes optimiert werden. Gegenüber dem Management klassischer Produktionsfaktoren hat das Management der Standortfaktoren (speziell der "weichen Standortfaktoren" wie beispielsweise Image als Wirtschaftsstandort, Image als Wohnstandort, Umwelt, Lebensqualität und Sicherheit, unternehmensfreundliche und flexible Verwaltung) seine Zukunft noch vor sich. Gemäß von Untersuchungen erweist sich die Bedeutung von Wissenskapital für die Wirtschaftsentwicklung eines Standortes als relativ robust, wenn andere Wachstumsfaktoren wie institutionelle Rahmenbedingungen oder geographische Gegebenheiten berücksichtigt werden (bessere Bildungsleistungen = mehr wirtschaftliches Wachstum). „Bildung macht die Menschen in ihrer Arbeit produktiver und lässt sie neue Ideen ersinnen und anwenden, die Grundlage für Innovationen, technologischen Fortschritt und damit langfristigen Wohlstand.

In einer zahlenorientierten Finanzwelt reichen zu einer detaillierten Standortbeurteilung nur verbale Darstellungen nicht aus. Eine der Hauptursachen, warum komplizierte, da an vielen Stellen miteinander vernetzte Sachverhalte bislang so wenig greifbar gemacht werden konnten, liegt in der komplizierten Bewertung und Messung immaterieller sogenannter weicher Faktoren begründet. Für Standorte geht es aber gerade darum, anhand von immateriellen Faktoren eine Marktposition zu erobern. Es bedarf daher einer steten Auseinandersetzung mit den Zukunftspotenzialen und dem Zukunftsbild des Standortes. Insbesondere fehlt vielfach noch ein in sich schlüssiges Konzept bzw. Instrument, mit dem sich alle Einzelkomponenten des Standortkapitals vollständig und durchgängig abstimmfähig mit einheitlicher Systematik abbilden lassen. Die Entwicklung von Standorten ist das Ergebnis einer Vielzahl von Faktoren. Aufgrund von Untersuchungen lassen sich einige, besonders relevant erscheinende Bereiche hervorheben. Anhand dieser sowohl wachstumsbeschleunigenden als auch bremsenden Einflussfaktoren, muss jeder Standort für sich genau analysieren, ob er bisher langsamer oder schneller gewachsen ist, sich besser oder schlechter entwickelt hat, als die Standortfaktoren es ihm erlaubt hätten.

Eine strategische Standortbilanz gibt Antwort auf folgende Fragen: Wer sind wir? Welche zentralen Leistungen erbringen wir? Was haben wir an besonderen immateriellen Ressourcen vorzuweisen? Was sind unsere Alleinstellungsmerkmale? In welche Netzwerke sind wir eingebunden? Wo liegen unsere besonderen Stärken? Welche Strategie verfolgen wir und was tun wir, um sie umzusetzen? Welche Defizite haben wir erkannt und welche Verbesserungen setzen wir in diesen Bereichen um? „Um in der globalen, sich ständig wandelnden Wirtschaft nicht abgehängt zu werden, muss es dem Bildungssystem und der Gesellschaft insgesamt gelingen, die nachwachsende Generation mit hohen Kompetenzen auszustatten". Hierfür müssen anscheinend weder Bildungsdauer noch Bildungsausgaben (wie viele meinen zu scheinen) die wirklich entscheidenden Einflussfaktoren sein.

Die Ressource "Humankapital" weist charakteristische Merkmale auf: als Humankapital des Standortes werden Faktoren identifiziert/beschrieben, die dem Standort nicht gehören und wieder verloren gehen, wenn die Personen oder dieser Personenkreis den Standort verlässt, inaktiv werden u.a. Beim Humankapital (HK)geht es um Fragen wie: Welches Wissen und welche Kompetenzen sind relevant? Welches Verhalten und welche Einstellungen sind wichtig/notwendig? Welche sind die wichtigsten Humankapitale des Standortes?, z.B. qualifiziertes Arbeitskräftepotential (% Uniausbildung, % Ingenieure, % Führungskräfte, % Betriebswirtschaftler, Studierende, Schüler Business School), Kaufkraft, Einwohnerstruktur (weiblich/männlich, alt/jung, % Migrationshintergrund, % deutsch-/fremdsprachig). Wie können die definierten Humankapitalarten a) quantitativ und b) qualitativ bewertet werden? Welche Indikatoren, Kennzahlen (Maßeinheiten %, Anzahl, Euro etc.) können ggf. diesen Humankapitalen zugeordnet werden? Die Qualität des Humankapitals ist für den Standort ein wichtiger Wachstumsfaktor, weil er sowohl Innovation als auch Qualität ermöglicht. Die Qualität des Humankapitals wird mit dem Anteil der Erwerbstätigen mit sekundärer und tertiärer Ausbildung gemessen. Diese Ausbildungsquoten zeigen das vorhandene Innovationspotenzial an.

Das Humankapital (HK) umfasst alle Eigenschaften und Fähigkeiten von Personen, z.B.: Arbeitsqualifikation, soziale Kompetenz, Arbeitsmotivation, Führungskompetenz. Humankapital ist im Besitz der betreffenden Person und verlässt mit ihr den Standort. D.h. spezifische Fähigkeiten, Kompetenzen, Kapazitäten eines Standortes sind auch in Köpfen gespeichert. Wissen ist die einzige Ressource, die sich durch Gebrauch vermehren lässt. Menschen sind keine passiven Gestaltungsobjekte, sondern Träger von Zielen, Bedürfnissen, Wertvorstellungen und der Möglichkeit des (re-)aktiven Handelns. D.h. Verlust von Wissensarbeitern bedeutet somit immer auch Standorteinbußen. Menschen und Informationen/Wissen sind ein wertvolles Kapital. Rohmaterialien, Produktionsprozesse, Geschäfts- und Vermarktungsprozesse sind ggf. auch für alternative Standorte verfügbar. Was im Gegensatz hierzu für diese meistens nicht schnell verfügbar gemacht werden kann, sind Wissen, Fähigkeiten, Qualifikationen, Erfahrungen, Motivation u.a. von Personen. Beim Humankapital geht es um Menschen, die ausgebildet, informiert und flexibel sind. Um Menschen, die über das nachdenken, was sie tun und bereit sind, Initiativen zu ergreifen. Um Menschen, die bereit sind, zu lernen und offen für innovative Veränderungen sind. Um Menschen, die fähig sind, sich auf einer "Just-in-time"-Basis neues Wissen und neue Fertigkeiten anzueignen. Um Menschen, die Fachliteratur lesen und fähig sind, in interdisziplinären Teams zu arbeiten. Um Menschen, die bereit sind Verantwortung zu übernehmen und Mitverantwortung für das Erreichen von Zielen akzeptieren. Bewertung der definierten Standort- Humankapitalfaktoren: beispielsweise Einwohnerstruktur, soziales Umfeld, Sicherheit. Kaufkraft, verfügbares Einkommen, Konsumverhalten. intellektuelles Wissenskapital, Kompetenznetzwerke. Arbeitskräftepotential, vor Ort verfügbare Fachqualifikationen. eGovernment, kommunale Kompetenzen/ Verwaltungsprozesse.

Gibt es Initiativen, die es Menschen erleichtern, vor Ort Familie und Beruf miteinander zu verbinden? wird eine Betreuung angeboten, die sowohl qualitativ als auch von den Zeiten her maßgeschneidert ist, um eine Berufstätigkeit mit Kindern zu vereinbaren? bezüglich der 3-T-Standortfaktoren Technologie, Talent, Toleranz: gibt es am Standort ein offenes, kreatives Umfeld? liegen aktuelle Kaufkraftkennziffern zum verfügbaren Einkommen vor? gibt es Informationen zum Konsumverhalten am Standort? wird das vorhandene Wissen des Standortes in einer Datenbank oder regelmäßigen Treffen zum Wissensaustausch zusammengeführt? werden am Standort verfügbare Kernkompetenzen gesichert, z.B. durch das Denken in Netzwerken? werden Kompetenzen in Netzwerken gebündelt? sind am Standort in ausreichender Anzahl fachlich qualifizierte Mitarbeiter verfügbar? gibt es Auswertungen über den Ausbildungsstand der Arbeitskräfte als Voraussetzung für die Innovationsfähigkeit des Standortes? gelingt es, im Rahmen der Kommunikationsstrategie des Standortes, auch Arbeitgeberqualitäten zu platzieren?

Es gibt viele methodische Ansätze, mit denen darauf verwiesen wird, dass in den Buchhaltungssystemen der Standorte die Wirklichkeit nicht nur bloß vergangenheitsbezogen, sondern (viel schwerwiegender!) nur unvollkommen abgebildet wird. Für viele Standorte darf man sich sicher sein, dass deren wirkliches, nämlich intellektuelles Kapital überall stecken mag. Nur eben nicht das, was in der Bilanz des Kämmerers abgebildet wird, d.h. das Management der sogenannten Intangibles dürfte seine Zukunft noch vor sich haben. Auch das Umfeld fährt mit auf dem Karussell des Wandels. Insofern ist es auch hilfreich, wenn bei einer Standortanalyse gleichzeitig die Beziehungsfaktoren zwischen Standort und Umfeld mit einbezogen werden.

Mit Entscheidungsstärke Strategieperspektiven auch in Wissensbilanzen bündeln

Von einem Strategie-Check auf Basis einer Standortbilanz wird besonders die Entwicklung von Filter- und Selektionsfunktionen zu erwarten sein, damit die Zunahme der Informationsschwemme nicht zu isolierter Kompliziertheit, sondern stattdessen zu entscheidungsrelevanten Informationen führt. Beispielsweise: jeder Gründer befindet sich in der klassischen Situation eines Entscheiders und der Entscheidungsfindung. So kann beispielsweise eine gute Geschäftsidee zum Scheitern verurteilt sein, wenn die Entscheidungsstärken eines Gründers nicht dazu ausreichen, sie in die Praxis umzusetzen. Ein Gründer mag über noch so viele Stärken verfügen, ohne eine gute Geschäftsidee ist er aber aufgeschmissen. Wenn man beide Kriterien, nämlich Qualität der Geschäftsidee und Entscheidungsstärken miteinander verknüpft, so dürften die beiden folgenden Verbindungpaare zu Ergebnissen mit der größten Wahrscheinlichkeit führen (Bewertungsstufen: outstandig, good, average und poor) :

Qualität der Geschäftsidee: outstanding
Entscheidungsstärken: outstanding
Wahrscheinliches Ergebnis: Erfolg

Qualität der Geschäftsidee: poor
Entscheidungsstärken: poor
Wahrscheinliches Ergebnis: Mißerfolg, Scheitern

Fragezeichen ergeben sich bei den beiden anderen Kombinationen:

Qualität der Geschäftsidee: outstanding
Entscheidungsstärken: poor
Wahrscheinliches Ergebnis: ?

Qualität der Geschäftsidee: poor
Entscheidungsstärken: outstanding
Wahrscheinliches Ergebnis: ?

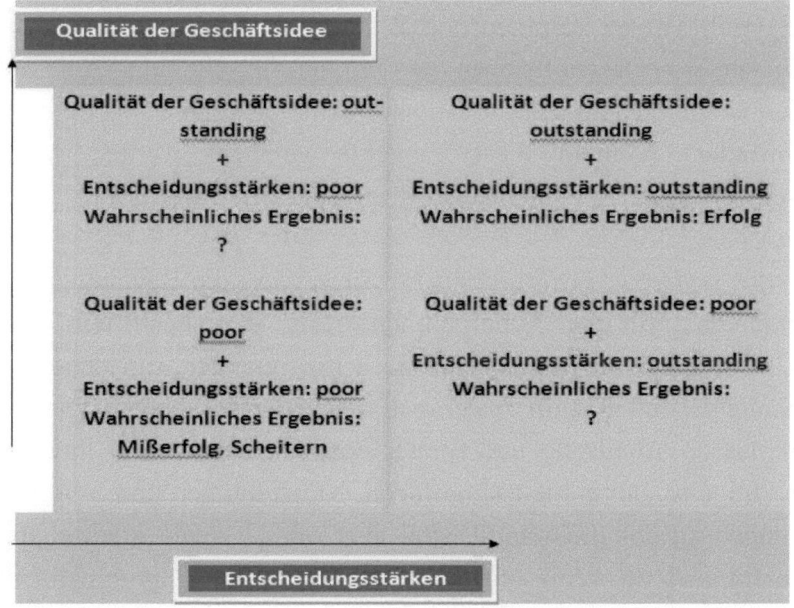

Interessant ist insbesondere auch die Kombination:
Qualität der Geschäftsidee: outstanding
Entscheidungsstärken: poor
Wahrscheinliches Ergebnis ?

Damit soll nicht behauptet oder unterstellt werden, ein Gründer sei trotz hervorragender Geschäftsidee für deren Umsetzung ungeeignet. Dem würde schon widersprechen, dass er zum Entwickeln einer hervorragenden Geschäftsidee fähig war. Es soll daher vielmehr angenommen werden, dass der Entscheider über eine Reihe von guten Qualitäten verfügt, diese aber erst so richtig zum Tragen kommen und Wirkung entfalten können, wenn im späteren Geschäftsleben die richtigen Entscheidungen getroffen werden. Denn trotz sonstiger Qualitäten beispielsweise eines Gründers könnten diese zunichte gemacht werden, wenn schwerwiegende Fehlentscheidungen getroffen werden.

Stark verkürzte Halbwertzeit für Strategien: die Bedeutung von Strategien für den Unternehmenserfolg ist unbestritten, viele Unternehmen suchen deshalb nach Instrumenten, mit denen sie Strategie und Aktion zusammen verbinden können. Allgemein verfasste Grundsatz- und Strategiepapiere haben zwar ihre Berechtigung, um gemeinsame Ideen, Vorstellungen und Stoßrichtungen zu dokumentieren, sind aber oft zu wenig konkret und damit auch zu wenig objektiv nachprüfbar. Der Zusammenhang zwischen Zielen und strategischen Aktionen sowie deren Priorisierung bleiben oft unklar, d.h. erst ein Konzept wie das der Wissensbilanz ermöglicht die Darstellung von Ursache-/

Wirkungsbeziehungen hinsichtlich der eng miteinander verknüpften strategischen Ziele und zwar: mit den diesen entsprechenden Messgrößen, Zielwerten und strategischen Aktionen.

Angesichts eines zunehmend komplexer und turbulenter agierenden Wettbewerbsumfeldes ist die Gültigkeitsdauer einst als langfristig eingestufter Strategien rapide abgeschmolzen. In Branchen mit hohen Veränderungsgeschwindigkeiten dürfte sich die „Halbwertzeit" von Strategien mittlerweile stark verkürzt haben. Bei häufigeren sowie auch schnelleren Strategiewechseln ist es besonders wichtig, dass das Unternehmen neben der Kompetenz über ein effektives Instrumentarium verfügen kann, mit dessen Hilfe sich Strategien schnell und effektiv umsetzen lassen.

Die Maßnahmen orientieren sich normalerweise an vier verschiedenen Perspektiven: die erste ist der finanzielle Aspekt, anhand dieser Daten kann die bisherige Performance gemessen werden. Drei weitere Aspekte sind auf die künftige Unternehmensleistung ausgerichtet: Kundenfokus, Geschäftsprozesse sowie Lernen und Wachstum der Firma. Der Vorteil: es können messbare Indikatoren für Unternehmensziele definiert und damit eine wesentliche Voraussetzung für die interne Erfolgskontrolle geschaffen werden. Mit Hilfe eindeutiger Indikatoren können Unternehmen ihre Ziele und Aktivitäten überwachen: im Sinne eines Feedback-Systems, das die Umsetzung von unternehmensweiten Strategien in gezielte Aktionen steuert. Herzstück der Wissensbilanz ist die Zielverknüpfung hinweg über sämtliche Bereiche.

291	Knowhow	wird beeinflusst (passiv, Rückkoppelung) von	Reifegrad Gründer-Konzept	mit Stärke:	1	mit Zeitdauer:	3
292	Knowhow	wird beeinflusst (passiv, Rückkoppelung) von	Kapitalbedarf	mit Stärke:	0	mit Zeitdauer:	1
293	Knowhow	wird beeinflusst (passiv, Rückkoppelung) von	Standortanalyse	mit Stärke:	1	mit Zeitdauer:	3
294	Knowhow	wird beeinflusst (passiv, Rückkoppelung) von	Marktattraktivität	mit Stärke:	1	mit Zeitdauer:	1
295	Knowhow	wird beeinflusst (passiv, Rückkoppelung) von	Stärken-Schwächen-Relation	mit Stärke:	3	mit Zeitdauer:	3
296	Knowhow	wird beeinflusst (passiv, Rückkoppelung) von	Chance-Risiko-Relation	mit Stärke:	1	mit Zeitdauer:	2
297	Knowhow	wird beeinflusst (passiv, Rückkoppelung) von	Wille zum Erfolg	mit Stärke:	3	mit Zeitdauer:	1
298	Knowhow	wird beeinflusst (passiv, Rückkoppelung) von	Geschätztes Umsatzvolumen	mit Stärke:	1	mit Zeitdauer:	3
299	Knowhow	wird beeinflusst (passiv, Rückkoppelung) von	Verhandlungsgeschick	mit Stärke:	3	mit Zeitdauer:	2
		Beeinflussung vom Gesamtsystem			14	im Durchschnitt:	2,1

Knowhow

wird von anderen Faktoren

beeinflusst (passiv)

Rückkoppelungseffekt:

Ingangsetzung und Förderung strategischer Kommunikations-
prozesse durch Verknüpfung plus Ausgewogenheit: die einzelnen Komponenten einer Wissensbilanz zunächst nichts grundlegend Neues. Die eigentlich neue Managementmethode entfaltet
sich erst aus der Verknüpfung dieser Ansätze sowie aus der Fähigkeit zur Ingangsetzung und Förderung der strategischen
Kommunikationsprozesse. Dies drückt sich aus:

in der Darstellung des Unternehmens, wie hierbei die ganze
Komplexität des Betriebsgeschehens erfasst und transparent auf
die entscheidungsrelevanten Aspekte komprimiert wird,

wie Visionen und die daraus abgeleiteten strategischen Ziele
messbar gemacht werden, und

wie diese strategischen Ziele kommuniziert und im Unterneh-
mensalltag des Budgets verankert werden.

Probleme bei der Umsetzung von Strategien können nicht zuletzt auch dadurch entstehen, dass eine Strategie so unklar for-
muliert ist, dass die für die Umsetzung Verantwortlichen nicht
immer genau wissen, was überhaupt umgesetzt werden soll.
Damit eine Strategie die durch sie erwünschten und erhofften
Veränderungen aber überhaupt auslösen kann, muss sie auch
nachvollziehbar an diejenigen kommuniziert werden, die sie
umsetzen müssen. Grundsätzlich lässt sich der Wissensbilanz-
Ansatz auch dadurch kennzeichnen, dass er unterschiedliche
Perspektiven nicht nur berücksichtigt, sondern sich auch mit
diesen sehr konkret auseinandersetzt. Man will ein Gleichgewicht zwischen finanziellen und nichtfinanziellen Ziel- und
Steuerungsgrößen erreichen. Dahinter steht die sinnvolle Ein-

sicht, dass die Erreichung finanzieller Ziele letztlich immer nur bei ganzheitlicher Sichtweise möglich ist.

Die verschiedenen Perspektiven einer Wissensbilanz stehen nicht voneinander losgelöst mehr oder weniger lose nebeneinander, sondern sollen demgegenüber eine in sich geschlossene Geschäftslogik des Unternehmens abbilden: Ebenso wie die Finanzziele zu den zentralen Erfolgsparametern des Unternehmens zählen, sind es erst die Kunden, die die Produkte des Unternehmens kaufen und damit für entsprechende Erlöse sorgen. Finanz- und Kundenziele ihrerseits hängen eng mit den Arbeitsweisen und Geschäftsabläufen im Unternehmen, d.h. den Prozesszielen zusammen. In der Logik dieses Gesamtsystems spielen schließlich auch die Potenziale des Unternehmens, d.h. seine Innovationskraft, Mitarbeiter u.a. als Potenzialziele, eine entscheidende Rolle. Die Einteilung nach -Perspektiven muss nicht starr erfolgen, sondern kann flexibel um weitere, für das Unternehmen und dessen Strategien wichtige Perspektiven, wie beispielsweise etwa die Lieferanten-Perspektive, Kreditgeber-Perspektive, Öffentliche Perspektive u.a. ergänzt und ausgebaut werden.

Hintergründe für Konzepte mit Wissensbilanzen: Kritik an den klassischen Messgrößensystemen, d.h. Steuerungskennzahlen aus dem Rechnungswesen dominieren gegenüber kundenfokussierten, nichtfinanziellen Steuerungsgrößen. Kritik an Steuerungsrelevanz des Berichtswesens, d.h. Detail-Daten bezüglich Rendite, Umsatz, Kosten, Marktanteil u.a. liefern zu wenig entscheidungsrelevante Führungsinformationen (zu den Ursachen dieser Entwicklungen, zu dem Zusammenhang mit der Umsetzung strategischer Zielsetzungen). Kritik an Länge und Transparenz der Planungsprozesses. Die Einführung der Wissensbilanz kann zur Verkürzung und Übersichtlichkeit der Planungsprozesse beitragen: erst die Verzahnung der Wissensbilanz mit den Prozessen bezüglich Planung, Ergebniskontrolle, erfolgsbezogene Vergütung u.a. machen dieses Instrument auch zu einem strategischen Managementsystem. Denn Wissensbilanz bedeutet zugleich auch immer eine intensive Kommunikation, um einen strategischen Fokus zu erreichen. Die Wissensbilanz hätte allein schon dadurch ihre Daseinsberechtigung, wenn durch sie im Unternehmen Klarheit und Einigkeit über die zu verfolgenden Strategien erreicht würde. Ein Wissensbilanz-Management-System erlaubt es, strategische Ziele zu erkennen und umzusetzen. Ein solches Planungssystem ermöglicht außerdem die langfristige Erfolgskontrolle der angewandten Strategie. Um eine Messlatte zu haben, muss man vor der Implementierung eines Wissensbilanz-Systems erst seine zu erreichenden Ziele definieren und die dafür notwendigen Mittel und Maßnahmen festlegen. Die Performance wird dann über einen längeren Zeitraum an diesen Parametern gemessen, d.h. Daten werden gesammelt, analysiert und die Resultate in entscheidungsrelevanter Form präsentiert.

Ermittlung der Wirkungsdauer und passiven Rückkoppelung: für jeden der ausgewählten Einflussfaktoren wird zuvor sein aktiver Wirkungseinfluss geschätzt und eingegeben. Aus diesen Werten lässt sich nunmehr auch die passive Wirkung ermitteln, d.h. wie stark der jeweilige Einflussfaktor umgekehrt von jedem der übrigen Faktoren beeinflusst wird (Rückkoppelung). Auch hierzu wird die jeweilige Zeitdauer angegeben, nach der Faktor seinerseits den passiven Wirkungen unterliegt.

211	Kapitalbedarf	wird beeinflusst (passiv, Rückkoppelung) von	Reifegrad Gründer-Konzept	mit Stärke:	3	mit Zeitdauer:	3
212	Kapitalbedarf	wird beeinflusst (passiv, Rückkoppelung) von	Standortanalyse	mit Stärke:	1	mit Zeitdauer:	2
213	Kapitalbedarf	wird beeinflusst (passiv, Rückkoppelung) von	Marktattraktivität	mit Stärke:	2	mit Zeitdauer:	1
214	Kapitalbedarf	wird beeinflusst (passiv, Rückkoppelung) von	Stärken-Schwächen-Relation	mit Stärke:	2	mit Zeitdauer:	3
215	Kapitalbedarf	wird beeinflusst (passiv, Rückkoppelung) von	Chance-Risiko-Relation	mit Stärke:	1	mit Zeitdauer:	2
216	Kapitalbedarf	wird beeinflusst (passiv, Rückkoppelung) von	Wille zum Erfolg	mit Stärke:	3	mit Zeitdauer:	1
217	Kapitalbedarf	wird beeinflusst (passiv, Rückkoppelung) von	Geschätztes Umsatzvolumen	mit Stärke:	1	mit Zeitdauer:	3
218	Kapitalbedarf	wird beeinflusst (passiv, Rückkoppelung) von	Verhandlungsgeschick	mit Stärke:	2	mit Zeitdauer:	3
219	Kapitalbedarf	wird beeinflusst (passiv, Rückkoppelung) von	Knowhow	mit Stärke:	1	mit Zeitdauer:	1
			Beeinflussung vom Gesamtsystem		16	im Durchschnitt:	2,1

Kapitalbedarf

wird von anderen Faktoren

beeinflusst (passiv)

Rückkoppelungseffekt:

Strategieplanung und Wissensmanagement: wenn strategisches Denken im „Unternehmens-Gedächtnis" fest verankert ist, steigen die Erfolgschancen für eine Bewältigung auch von kritischen Situationen

Mit der Festlegung von Finanz- und Wachstumszielen ist die strategische Aufgabe nicht schon abgeschlossen. Mit Hilfe von Performance-Kennziffern der Wissensbilanz wie -Marktanteile, Mitarbeiterfluktuation, Kundenzufriedenheit, Verspätungen in Produktion und Lieferung u.a.- kann man rechtzeitig erkennen, wo noch Lücken zu den Kernzielen bestehen. Die Wissensbilanz schlägt somit eine Brücke zwischen rein finanzwirtschaftlicher Analyse und langfristigen Strategien. So kann es beispielsweise sinnvoll sein, auf schnelle Gewinne zu verzichten, wenn die Strategie Investitionen in anderen Bereichen erfordert. Unter Prozessorientierung der Wissensbilanz, ist die Perspektive der Mitarbeiterorientierung -beispielsweise Potenziale, Motivation und Lernfähigkeit der Mitarbeiter- am stärksten zukunftsorientiert. In Verbindung mit einer Wissensbilanz können mit dem Strategie-Check Freiräume für neue, kreative Lösungswege gefunden werden. Der Strategie-Check bestimmt den „kritischen Weg", denn wenn man nicht weiß, wohin man geht, landet man sehr leicht anderswo ! Unabhängig von Größe, Branche oder Geschäftsfeld muss sich ein Unternehmen mit den gleichen „3-W"-Fragen auseinandersetzen: *Wo steht es heute? Wo will es hin? Wie kommt es dorthin?* Wichtig ist, diese Reihenfolge einzuhalten. Denn: erst wenn das Reiseziel genau feststeht, sollte eine Entscheidung über geeignete Transportmittel getroffen werden, mit denen man am besten dorthin gelangen kann. Für einen Strategie-Check sollen vor allem die ersten beiden dieser W-Fragen im Blickpunkt stehen. Strategisches Denken weckt auch das Denken in Alternativen. Der Strategie-Check soll dabei Hilfestellung bieten, diese zu erkennen und mit ihren Potenzialen auszuloten. Da der Rohstoff „Wissen" zum wertvollsten gehört, was ein Unternehmen besitzt, muss dieser auch mit seinen strategischen Inhalten identifiziert und ausgeschöpft werden. Dabei gelingen wirksame Strategien besonders dann, wenn ihre Wurzeln im „Unternehmens-Gedächtnis" fest verankert sind.

Einzelpunkt hierbei sind beispielsweise: Geschäftsumfeld für wissensintensive Märkte, strategische Dimension „Intellektuelles Kapital", Gestaltungsfelder des Wissensmanagements ausloten, Produkte mit „gefrorenem" Wissen, Turning Knowledge into Cash, *Strategiefrage*: ist Unternehmenswissen messbar ?, Strategischer Zukunfts-Rohstoff „Wissen", Vision und Leitbild, Strategisches Gut „Wissen", Strategie und Ziele, Bündelung Strategiefaktoren, Strategische Prozessfaktoren, Strategische Erfolgsfaktoren, *Cluster Strategische Prozessfaktoren*, GP-1: Leitbild - Unternehmensstrategie, GP-2: Management of Change, GP-3: Customer Relation Management, GP-4: Marketingcontrolling, *Cluster Strategische Erfolgsfaktoren*, GE-1: Image und Bekanntheitsgrad, GE-2: Marktattraktivität, Marktposition, GE-3: Entwicklungspotenzial-Benchmarking, GE-4: Leistungsqualität. *Cluster Strategische Humanfaktoren*, HK-1: Unternehmerische Kompetenz, HK-2: Aus-, Weiterbildung, Fachqualifikation, HK-3: Mitarbeiterzufriedenheit, -motivation, HK-4: Wissensmanagement, -bilanzierung, *Cluster Strategische Struk-*

turfaktoren, SK-1: Informationssysteme, Anwendungen, SK-2: Planungs- und Controlling-Toolbox, SK-3: Frühwarn- und Risikokontrollsystem, SK-4: Standortfaktoren, *Cluster Strategische Beziehungsfaktoren*, BK-1: Kunden- und Lieferantenbeziehungen, BK-2: Unternehmenskommunikation, BK-3: Kompetenznetzwerke, BK-4: Logistikbeziehungen,

Das Umfeld fährt mit auf dem Karussell des Wandels: insofern ist es auch hilfreich, wenn beim Strategie-Check mit der Wissensbilanz gleichzeitig die hierin eingebauten Beziehungsfaktoren zwischen Unternehmen und Umfeld mit einbezogen werden. Von einem Strategie-Check auf Basis einer Wissensbilanz wird besonders die Entwicklung von Filter- und Selektionsfunktionen zu erwarten sein, damit die Zunahme der Informationsschwemme nicht zu isolierter Kompliziertheit, sondern stattdessen zu entscheidungsrelevanten Informationen führt. Im Strategie-Check werden dynamische, ansonsten kaum überschaubare Wirkungsbeziehungen erfasst und danach gefragt, zwischen welchen Erfolgsfaktoren kommt es zu Wirkungsbeziehungen? wie stark sind jeweils solche Wirkungsbeziehungen? wie lange dauert es, bis ein Faktor seine Wirkung auf einen anderen ausübt? Dabei kommt es weniger darauf an, nach Antworten mit dem Millimetermaß des Finanzcontrolling zu suchen: nicht alles, was wichtig ist, muss deshalb auch zu messen sein. Mit einem solchen Strategie-Check sollen besonders kleine und mittlere wissensintensive Firmen angesprochen werden, die nicht über eigene Strategie-Stabsabteilungen verfügen können. Dabei sind Wissensbilanzen weder bezüglich ihrer Erarbeitung noch bezüglich ihrer Auswertung und Handhabung dafür geeignet, sie Form etwa niedrigerer Tätigkeit an nachgeordnete Personen zu delegieren.

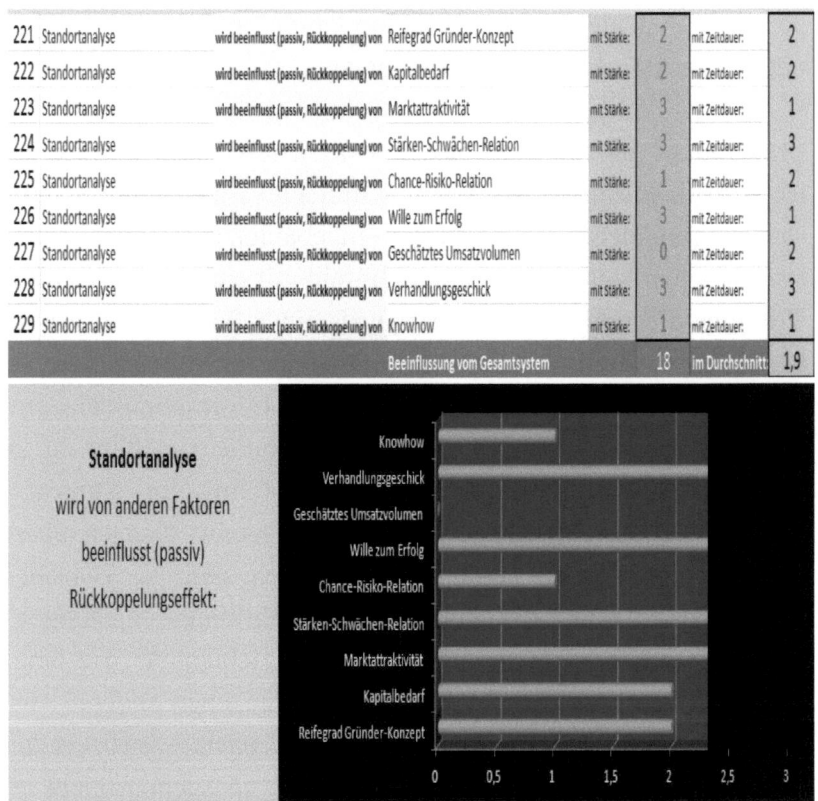

221	Standortanalyse	wird beeinflusst (passiv, Rückkoppelung) von	Reifegrad Gründer-Konzept	mit Stärke:	2	mit Zeitdauer:	2
222	Standortanalyse	wird beeinflusst (passiv, Rückkoppelung) von	Kapitalbedarf	mit Stärke:	2	mit Zeitdauer:	2
223	Standortanalyse	wird beeinflusst (passiv, Rückkoppelung) von	Marktattraktivität	mit Stärke:	3	mit Zeitdauer:	1
224	Standortanalyse	wird beeinflusst (passiv, Rückkoppelung) von	Stärken-Schwächen-Relation	mit Stärke:	3	mit Zeitdauer:	3
225	Standortanalyse	wird beeinflusst (passiv, Rückkoppelung) von	Chance-Risiko-Relation	mit Stärke:	1	mit Zeitdauer:	2
226	Standortanalyse	wird beeinflusst (passiv, Rückkoppelung) von	Wille zum Erfolg	mit Stärke:	3	mit Zeitdauer:	1
227	Standortanalyse	wird beeinflusst (passiv, Rückkoppelung) von	Geschätztes Umsatzvolumen	mit Stärke:	0	mit Zeitdauer:	2
228	Standortanalyse	wird beeinflusst (passiv, Rückkoppelung) von	Verhandlungsgeschick	mit Stärke:	3	mit Zeitdauer:	3
229	Standortanalyse	wird beeinflusst (passiv, Rückkoppelung) von	Knowhow	mit Stärke:	1	mit Zeitdauer:	1
			Beeinflussung vom Gesamtsystem		18	im Durchschnitt:	1,9

Beim Rudern wird der Blick aufs Ganze leichter - Startup auf solidem Strategiefundament: das Ablegen vom Bootssteg und um sich herum dann nur das leichte Rauschen des vorwärtsgleitenden Bootes hat etwas zu tun mit innerer Gelassenheit und dem Freilassen von Gedanken. Ohne das Grundrauschen der Tagesprobleme ein gutes Feld für Konzentration und Nachdenken, für grundsätzliches Überdenken des Strategischen. Mit jedem Eintauchen der Ruderblätter einem eigenen Rhythmus folgend. So manche Geschäftsidee könnte in einem solchen oder ähnlichen Umfeld geboren worden sein. Startup ohne Strategie ist wie Fliegen ohne Kompass: man schwebt im Irgendwie und Irgendwo und landet doch leicht anderswo. Strategie schützt die Entscheidungsfindung im statistischen Grundrauschen vor Kennzahlengläubigkeit und reinen Bauchgefühlen.

Es geht um: auf der Suche nach der Zeit – die immer da und trotzdem flüchtig ist, Startup-Kommunikation mit authentischen Botschaften Flussufer sind attraktive Orte, Revier mit prägender Kraft des Ruderns Philosophische Sicht des Ruderns, gleichzeitig Vorwärtsfahren und Rückwärtsschauen Startup mit Intelligenz und Risikotoleranz, die Via Regia – eine Königsstraße, die Regionen prägte Im ewigen Kreislauf des Wassers, Einfachheit als Herausforderung, Strategie ist nicht alles, aber ohne Strategie ist alles nichts, gesamthaftes Denken, Gestaltungsfelder im Wissensmanagement ausloten Grenzen des elektronischen Weltwissens, Wissen messen, Freiheitsindex und europäisches Regelwerk Ideen geschehen lassen, Wissen – der wertvollste Besitz, was man braucht um handeln zu können, Korrelieren und Clustern bis Signifikantes herauskommt Rahmenbedingungen des Geschäftsfeldes, Internet schafft Neues aber auch Ungewisses, wie kann die Transformation von Potential in Leistung sichergestellt werden? Freiräume für kreative neue Lösungswege gewin-

nen, Strategy follows people, Entscheidungswissen personenbe-
zogen und situationsbedingt - Faktor "Information" als eine
Holschuld, Kosten-, Qualitäts- und Zeitoptimierung, Erfolg mit
einer Philosophie des Vertrauens auf eigene Stärken, erfolgrei-
che Unternehmen haben ein mitreißendes Leitbild, Management
of Change, von den Champions lernen - die größte Stärke sind
die Kundenbeziehungen, Kennzahlengläubigkeit und Bauchent-
scheidung, Image und Bekanntheitsgrad senden Informations-
signale, Ausbau eines engen Nadelöhr zur breiten Zufahrt Mitarbeiterzufriedenheit – ebenso wichtig wie Kundenzufriedenheit, der richtige Detaillierungsgrad ohne isolierte Kompliziertheit, Planer- und Controller-Toolbox, Standortfaktoren - Er-
reichbarkeit, Steuern, Regulierungsdichte, es ist eine Kunst, die
richtigen Fragen zu stellen Diktat der Ökonomie – Golden Age
und Nostalgie, ein Strategie-Check ist keine Veranstaltung, die
nur für sich selbst stattfindet, Maßnahmen und hierfür benötigte
Ressourcen planen, Startup-Entscheidungsunterstützung an der
Grenze zwischen menschlichem Urteilsvermögen und maschi-
neller Analyse, Wandel im Innovationskarussell als permanenter
Zustand, transparente Cluster des Intellektuellen Kapitals Konzept des Integrated Reporting - ganzheitliches Denken als End-
produkt, im Datenberg nach Wissen schürfen, wertvolles Wissen aus tiefen Informationsadern Wandel der Märkte ganzheitlich sehen, vollständiges Angebot an „Datenwaren".

*Eine Wissensbilanz erschließt Informations-Mehrwert, veredelte
Daten müssen in die richtigen Kommunikationskanäle gelenkt
werden*: „Die Post-Gutenberg-Galaxis ist heute von schwarzen

Löchern perforiert. Viele digitale Projekte sind Friedhöfe". Die Digital-Euphorie verleite dazu, das im Netz repräsentierte Wissen zu überschätzen: so würden beispielsweise Archivbestände nur zu einem Bruchteil ins elektronische Format übersetzt. Da diese Transferlücke über neunzig Prozent betrage, sei es ein vermessener Vorteil, dass nur das im Netz Vorhandene existiert. Vor allem können bei Formatwechseln problematische Datenverluste entstehen. Denn mit der Migration sinkt die Lesbarkeit, wächst der Abstand zum Original.

Obwohl sie immer da ist, die Zeit, jeden Tag und jede Stunde, ist sie schon wieder verschwunden, vergangen. Wo bleibt sie nur die ganze Zeit? Damit man sich ihr mit ganzer Muße widmen kann? Zeit ist Geld, so heißt es. Zeit und Verdienst sind oft zwei Seiten der gleichen Medaille, sind untrennbar aneinander und miteinander ge-koppelt. Trotz aller Erfindungen und Versprechungen wie Auto oder Zug, wie Wasch- oder Spülmaschine, wie Computer oder Smartphone, wie viele andere Dinge mehr: immer scheint sie knapp bemessen, die Zeit. Vieles, alles lässt sich bereits vom Sofa aus einkaufen, niemand muss noch stundenlang anstehen. Trotz allem scheint Zeitnot ein ständiger Begleiter. Niemand ist vor Eile und Stress geschützt: meinte man noch eben alle Zeit der Welt zu haben, ist sie schon wieder verschwunden. Wohin?

Vieles im Arbeitsleben ist effizienter und effizienter geworden, die Hilfsmittel immer raffinierter. Und doch wird alles immer komplexer, die Belastungen haben (statt weniger zu werden) zugenommen. Wenn etwas knapp ist, ist es nach den Gesetzen der Wirtschaft meist auch teuer. Das schreit geradezu danach, knapp bemessene (Frei)zeit zu maximieren und jede verfügbare Minute möglichst optimal zu nutzen. Immer umfangreichere Freizeitangebote können so leicht zu einer Entscheidungsfalle der Komplexität werden. Besser wäre vielleicht, einmal überhaupt nichts zu tun und nur danach zu schauen, wo sie denn bleibt, die allzu flüchtige Zeit.

Startup-Kommunikation mit authentischen Botschaften: ein Startup sollte (muss) verstehen zu kommunizieren. Kommunikation muss, besonders wenn es einmal schwierig wird, authentisch und zeitnah sein. Das gilt allgemein, denn Kunden, Lieferanten, Mitarbeiter oder Banken legen Wert auf Verlässlichkeit und Glaubwürdigkeit. Im Umgang mit negativen Nachrichten (z.B. in wirtschaftlichen Krisenzeiten) ist Kommunikation ein besonders sensibles Geschäft (das Negative füttert das Negative). In einem Reflex können schwierige Zeiten gerade vom Startup per se erst einmal als persönliche Niederlage empfunden werden. Doch erst der, der ein Unternehmen auch durch raue Fahrwasser zu steuern versteht, genießt (verdient) wirklich Respekt. In ernsten Situationen ist der am meisten gefragt, der den Ernst der Lage erkennt, sie nicht verharmlost und der seine Firma nicht in Agonie und Ohnmacht abdriften lässt. D.h. gefragt sind eine ausgewogene Balance: Nüchternheit statt Klagen, Transparenz statt Verschleierung, Aktion statt Abwarten, Führung statt Treibenlassen. Bei erfolgreicher Kommunikation geht es nicht in erster Linie darum, ob eine Nachricht gut oder schlecht ist. Sondern um daraus gezogene Schlussfolgerungen: ob diese richtige Einschätzung, Verlässlichkeit und Kompetenz ausstrahlen. Der Startup-Kommunikator sollte nicht emotional werden, sondern Tatsachen, Informationen und Bewertungen immer mit Nüchternheit kommunizieren. Die Kommunikation sollte zeitlich sauber strukturiert im klaren Rhythmus stattfinden. Bereits ein solcher zeitlicher Rhythmus (wöchentlich, monatlich) kann eine gewisse Verlässlichkeit ausstrahlen und Führungskompetenz dokumentieren. Die Botschaften an Mitarbeiter, Kunden, Geldgeber, Lieferanten müssen in jedem Fall sauber und präzise durchformuliert sein und auf schwammige Formulierungen verzichten (die sind in der Politik eher aufgehoben). Ansonsten besteht die Gefahr von Missdeutungen mit einem Vermutungs- und Gerüchtekarussell. Der Startup sollte hierbei ein aktives Agenda-Setting betreiben, d.h. selbst die Themen festlegen, die kommuniziert werden sollen. Kommunikation in einer Krise sollte dazu immer lösungsorientiert sein und mögliche Krisenstufen (grün, gelb, rot) deutlich anzeigen: der Information folgt die Bewertung, der Bewertung folgen die Konsequenzen, den Konsequenzen die Maßnahmen, den Maßnahme die hiermit zu erreichenden Ziele (Lösungen).